清史稿

趙爾巽等撰

第七册

卷四五至卷五三（志）

中華書局

清史稿卷四十五

志二十

時憲一〔一〕

明之大統術，本於元之授時。成化以後，交食往往不驗。萬曆末，徐光啓、李之藻等譯西人之書爲新法，推交食、淩犯皆密合，然未及施用。世祖定鼎以後，始絀明之舊曆，依新法推算，卽承用二百六十餘年之時憲術也。光啓等斷斷辨論，當時格而不行，乃爲新朝改憲之資，豈非天意哉！聖祖邃於曆學，定用均輪法以齊七政，以康熙甲子爲元。雍正中，從監臣之請，推步改橢圓法，以雍正癸卯爲元。道光中，監臣以交食分秒不合，據實測之數損益原用數，以道光甲午爲元。自康熙至於道光，推步之術凡三改，而道光甲午元曆僅有恆星表。至於推日月交食、步五星，均未及成書云。西人湯若望，與徐光啓共譯新法者也，以四十二事證西人之密、中術之疏，疇人子弟翕然信之。宣城人梅文鼎研精天算，由授時以溯三統、四分以來諸家之術，又博考九執、回回術，而折衷於新法，皆洞其原本，究其異同，卒以積學受知聖祖，於是爲推步之學者，始知中、西之學之一貫，不至眩晃於新法矣。與湯若望同時入中國者爲穆尼閣，傳其學於淄川薛鳳祚，而吳江人王錫闡自創新法，用以推日月食，不爽秒忽，兩家之學，皆不列於臺官，然其精密，或爲臺臣所不及焉。今爲時憲志，詳考其推步、七政、四餘、根理、法數著於篇，諸家論說有裨數理者，亦撮其大要載之。明大統術、回回術，康熙初用之，以詳於明史，不具論。

推步因革

順治元年六月，湯若望言：「臣於明崇禎二年來京，曾依西洋新法釐訂舊曆，今將新法所推本年八月初一日日食，京師及各省所見食限分秒，並起復方位，圖象進呈，乞屆期遣官測驗。」從之。七月，若望又推天象進呈。是月禮部言：「欽天監改用新法，推注已成，請易新名，頒行天下。」睿親王言：「宜名『時憲』，以稱朝廷憲天乂民至意。」從之。八月丙辰朔午時，日食二分四十八秒，大學士馮銓，同若望赴觀象臺測驗覆奏，惟新法一一脗合，大統、回回二曆俱差時刻，敕：「舊法歲久自差，非官生推算之誤，新法旣密合天行，監局宜學習勿怠玩。」十月，頒順治二年時憲書。若望又言：「敬授人時，全以節氣交宮與太陽出入晝刻爲重。今節氣之日時刻分與太陽出入晝夜時刻，俱照道里遠近推算，請刊入時憲書。」從之。十一月，以若望掌欽天監事。若望等言：「臣等按新法推算月食時刻分秒，復定每年進呈書目，删其複重，以免混淆。」二年六月，若望等言：「舊法推算本年十二月己卯朔辰時日食三分强，回回科算見食一分弱。依新法推之，止應食半分强，且在日出之前，地平上不見，請臨期遣官測驗。」從之。至期天陰雨，推驗事遂輟。十一月，若望以明大學士徐光啓所譯崇禎曆書改名新法曆書進呈，上命發監局官生肄習，仍宣付史館，加若望太常寺卿銜。十年，賜若望通玄教師，以奬其勤勞。

若望之法，以天聰戊辰爲元。分周天爲三百六十度。太陽一日平行五十九分八秒十九微四十九纖三十六芒，最高一年行四十五秒，戊辰年平行距冬至五十三分三十五秒三十九微，最高距冬至五度五十九分五十九秒。太陰一日平行一十三度一十分三十五秒一微，自行一十三度三分五十三秒五十六微，正交行三分一十秒，月孛行六分四十一秒，戊辰年平行距冬至六宮一度五十分五十四秒四十六微，自行距冬至六宮二十五度三十二分一十五秒三十四微，正交行距冬至一宮一十四秒，月孛行距冬至十一宮六度一十九分。土星諸行應平行距冬至爲十一宮十八度五十一分五十一秒，本年最高行距冬至爲九宮八度五十七分五十九秒，平行距最高卽引數，爲二宮九度五十三分五十二秒，正交行距冬至爲六宮七度九分八秒。一平年平行爲十二度十三分三十一秒，最高行一分二十秒十二微，以最高行減平行，得十二度十二分十五秒，乃一年之引數也。一閏年平行爲十二度十五分三十五秒，引數爲十二度十四分十五秒。正交行一年爲四十二秒。木星諸行應平行距冬至爲八宮二十八度八分三十一秒，本天最高行爲十一宮二十七度十一分十五秒，平行距最高卽引數，爲九宮初度五十七分十六秒，正交行爲六宮二十四度四十一分五十二秒。一平年距冬至平行爲一宮零二十分三十二秒，最高行爲五十七秒五十二微，兩數相減，得一宮零十九分三十四秒，乃一平年之引數也。一閏年距冬至平行爲一宮零二十五分三十一秒，引數爲一宮零二十四分三十三秒。正交行一年爲一十四秒。火星諸行應平行距冬至爲五宮四度五十四分三十秒，本天最高在七宮二十九度三十分四十秒，平行距最高卽引數，爲九宮五度二十三分五十秒，正交行爲三宮十七度二分二十九秒。一平年距冬至平行爲六宮十一度十七分一十秒，最高行一分十四秒，兩數相減，得六宮十一度十五分五十五秒。一閏年距冬至平行爲六宮十一度四十八分三十六秒，引數爲六宮十一度四十七分二十一秒。正交行一年爲五十三秒。金星諸行應平行距冬至與太陽同度，爲初宮初度五十三分三十五秒三十九微，平行距最高卽引數，爲六宮零五十六分五十五秒，伏見行從極遠處起，爲初宮九度十一分七秒，最高行在六宮零十六分六秒。一平年距冬至爲十一宮二十九度四十五分四十秒三十八微，自行引數爲十一宮二十九度四十四分十七秒，伏見行爲七宮十五度一分五十秒，最高行爲一分二十一秒。一閏年距冬至及自行加五十九分八秒，伏見行加三度六分二十四秒，乃一日之行也。金星正交在最高前十六度，卽五宮十四度十六分，其行極微，故未定其率，然於最高行無大差。水星諸行應平行距冬至與太陽同度，平行距最高卽引數，爲二十九度二十分二秒，伏見行從極遠處起，爲三宮二十九度五十四分一十六秒，最高在十一宮零五十二分四十二秒。一平年距冬至亦與太陽同度，自行引數爲十一宮二十九度四十三分五十一秒，伏見行滿三周外有一宮二十三度五十七分二十六秒。一閏年引數爲十二宮零四十二分五十九秒，伏見行全周外爲一宮二十七度三分五十二秒，正交行或曰與最高同度難測，故不敢定云。

若望論新法大要凡四十二事：曰天地經緯，天有經緯，地亦有之，以二百五十里當天之一度，經緯皆然。曰諸曜異天，諸曜高卑相距遠甚，駁舊曆認爲同心之誤。曰圜心不同，太陽本圈與地不同心，二心相距，古今不等。曰蒙氣差，地有蒙氣，非先定蒙氣差不能密合。曰測算異古法，測天以弧三角形，算以割圜八線表。曰測算皆以黃道，測天用赤道儀，所得經度不合，新法就黃道經度，通以黃赤通率表，乃與天行密合。曰改定諸應，從天聰二年戊辰前冬至後己卯日子正爲始。曰求眞節氣，舊法平節氣，非眞節氣，今改定。曰盈縮眞限，用授時消分爲平歲，更以最高最卑差加減之，爲定歲。曰表測二分，舊法以圭表測冬至，非法之善者，今用春秋二分，較二至爲密。曰太陽出入及晨昏限，從京師起算，各處有加減。曰晝夜不等，其差較一刻有奇，一緣黃道夏遲冬疾，一緣黃赤二道廣狹不同距，則率度不同分。曰改定時刻，定晝夜爲九十六刻。曰置閏不同，舊法用平節氣置閏，非也，改用太陽所躔天度以定節氣。曰太陰加減，朔望止一加減，餘日另有二三，均數多寡不等。曰月行高卑遲疾，月行轉周之最高極遲，最卑極疾，五星準此。曰朔後月見遲疾，一因自行度遲疾，一因黃道升降斜正，一因白道在緯南緯北。曰交行加減，月在交上，以平求之必不合，因設一加減爲交行均數。曰月緯距度，舊法黃白二道相距五度，不知朔望外尙有損益，其至大之距，五度三分之一。曰交食有無，月食以距黃道緯度較月與地景兩半徑并，日食則以距度較日月兩半徑并，距度爲小則食，大則不食。曰日月食限不同，月食則太陰與地景兩周相切，以其兩視半徑較白道距黃道度，又以距度推交周度定食限，日食必加入視差而後得距度。曰日月食分異同，距度在月食爲太陰心實距地景之心，在日食爲日月兩心之距，但日食不據實距而據視距。曰實食中食，以地心之直線上至黃道者爲主，日月五星兩居此線之上，則實食也；月與五星各居本輪之周，地心直線上至黃道，而兩本輪之心俱當線上，則中食也。曰視食，日食有天上之實食，有人所見之視食，視食依人目與地面爲準。曰黃道九十度爲東西差之中限，論天頂則高卑差爲正下，南北差爲斜下，而東西差獨中限之一線爲正下，以外皆斜下。論其道則南北差爲股，東西差恆爲勾，高卑差恆爲弦。至中限則股弦爲一線，無勾矣。曰三視差，以地半徑爲一邊，以太陽太陰各距地之遠爲一邊，以二曜高度爲一邊，成三角形，用以得高卑差；又偏南而變緯度得南北差；以黃道九十度限偏左偏右而變緯度，得東西差。曰外三差，東西、南北、高卑之差，皆生於地徑，外三差不生於地徑而生於氣。一，清蒙氣差；二，清蒙徑差；三，本輪徑差。曰虧復不一，非二時折半之說，新法以視行推變時刻，則瞭然於虧復時刻不一之故。曰交食異算，諸方各以地徑推算交食時刻及日食分。曰日食變差，據法應食而實不見食，必此日此地之南北差變爲東西差，此千百年偶遇一二次，非無有者。曰推前驗後，新法諸表，上溯下沿，開卷瞭然，不費功力。曰五星準日，舊法於合伏日數，時多時寡，徒以段目定之，不免有差，今改正。曰伏見密合，舊法五星伏見惟用黃道距度，非也，今改正。曰五星緯度，太陰本道斜交黃道，因生距度與陰、陽二曆，五星亦然，新法一一詳求，舊未能也。曰金水伏見，金星或合太陽而不伏，水星離太陽而不見，用渾儀一測便知，非舊法所能。曰五星測法，測五星須用恆星爲準。曰恆星東移，恆星以黃道極爲極，各宿距星時近赤極，亦或時遠赤極，由黃赤二道各極不同，非距星有異行或易位。曰定恆星大小有六等之別，前此未聞。曰天漢釋疑，新法測以遠鏡，天漢乃無算小星攢聚而成。曰四餘刪改，羅睺卽白道之正交，計都卽中交，月孛乃月行極高之點。至紫炁一餘，無數可定，明史附會，今俱改刪。曰測器，新法增置者，曰象限儀、百游儀、地平儀、弩儀、天環天球紀限儀、渾蓋簡平儀、黃赤全儀，而新製之遠鏡，尤爲測星要器。曰日晷，爲地平晷、三晷、百游晷、通光晷。此外更有星晷、月晷，以備夜測之用。若望所言，大抵據新法以詆舊術之疏，然新法之精蘊，亦盡於此矣。

十四年四月，前回回科秋官正吳明炫言：「臣祖默沙亦里等十八姓，本西域人，自隋開皇己未抱其學重譯來朝，授爲日官。一千五十九年，專司星宿行度吉凶，每年推算太陰五星凌犯，天象占驗，日月交食，卽以臣科白本進呈爲定例。順治三年，本監掌印湯若望令臣科凡日月交食及太陰五星凌犯、天象占驗俱不必奏進。臣查若望所推七政，水星二、八月皆伏不見，今水星二月二十九日仍見東方，又八月二十四日夕見，關係象占，不敢不據實上聞。乞復立回回科，以存絕學。」奏下所司。時新安衞官生楊光先叩閽進摘謬論，糾湯若望新法之謬，且言：「時憲書有『依西洋新法』五字尤不合。」又進選擇議，糾若望選榮親王葬期用洪範五行，山向、日月俱犯忌殺。

康熙三年十二月，禮部議「時憲書面『依西洋新法』五字擬改『奏准』二字」，從之。四年，議政王等言：每日百刻，新法改爲九十六刻；二十八宿次序，湯若望將觜、參二宿改易前後；又將四餘删去紫炁，俱不合。其選擇不用正五行，用洪範五行，以致山向、日月俱犯忌殺，事犯重大，將湯若望及科官等分別擬淩遲斬決。敕湯若望從寬免死，時憲科李祖白等五人俱處斬。於是復用大統舊術，以楊光先掌監務，光先抗疏屢辭，不允。光先於推步之學本不深，康熙七年，謂明年當閏十二月，尋知其誤，自行檢舉，而時憲書已頒行，乃諭天下停止閏月云。是年監副吳明烜言：「古法差謬，五官正暨回回科所進各不同，立加校正。」下禮部議。禮部覆奏：「五官正戈繼文等所算七政金水二星差錯太甚，主簿陳聿新所推七政未經測驗，亦有差錯，監副吳明烜所推七政與天象相近，理應頒行，仍令監臣同四科官每日晝測晷景以定節氣，夜測月五星以定行度。」從之。

十一月，西人南懷仁言所頒各法不合天象，乃召南懷仁、利類思、安文思及監官馬祜、楊光先、吳明烜等至東華門，大學士李霨傳諭：「授時乃國家要政，爾等勿挾宿仇，以己爲是，以彼爲非。是者當遵用，非者當更改，務期歸於至善。」十二月，南懷仁劾吳明烜所造康熙八年七政時憲書紕謬，下王大臣、九卿、科道會議，議政王等言：「乞派大臣同南懷仁等測驗。」乃遣圖海、李霨等二十人赴觀象臺測驗。八年二月，議政王等議覆：「圖海等赴觀象臺測驗，南懷仁所言皆合，吳明烜所言皆謬，問監正馬祜等，亦言南懷仁所算實與天象合。竊思百刻雖行之已久，但南懷仁九十六刻之法既合天象，自應頒用。又南懷仁言羅睺、計都、月孛係推算所用，故載於七政之後，其紫炁星無用處，不應造入。應自康熙九年爲始，用九十六刻之曆」，時明烜言「臣祗知天文，不知曆法」，光先言「臣不知曆法，惟知曆理」。光先語尤不遜，褫職。三月，授南懷仁欽天監監副。先是監官依古法推算，康熙八年十二月應置閏，南懷仁言雨水爲正月中氣，是月二十九日値雨水，卽爲康熙九年正月，不應置閏，置閏當在明年二月。監官多直懷仁，從其言，改閏九年二月，於是大統、回回兩法俱廢，專用西洋法，如順治之初。八月，南懷仁劾楊光先誣陷湯若望叛逆，議政王等議「湯若望應復通微教師，照原品賜卹，楊光先應反坐」。敕「免議」。

十三年二月，新造儀象志告成，南懷仁加太常寺卿銜。十四年二月，諭監副安泰從何君錫學古曆法。十五年二月，欽天監奏五月朔日食，監副安泰依古法算，應食五分六十秒，南懷仁新法只應食二十微三分秒之一。至期登臺測驗，酉正食甚，將及一分，戌初刻復圓，古法所推分數失之甚遠，而新法亦不甚合。南懷仁曰：「此淸蒙氣之所爲，蒙氣能映小爲大故也。」

十七年七月，欽天監進呈康熙永年表三十二卷。二十二年十月，監臣推算盛京九十度表告成。初，南懷仁奏：「各省北極高度不同，其交合之時刻食分俱不等，全憑各省之九十度表推算。向來不知盛京北極高度，卽用京師之九十度表，今測得盛京北極比京師高二度，請依其高度推算九十度表。」從之。至是，以盛京九十度表進呈，諭「永遠遵守」云。

四十一年十月，大學士李光地以宣城貢生梅文鼎曆學疑問三卷進呈，上曰：「朕留心曆算多年，此事朕能決其是非。」乃親加批點還之，事具梅文鼎傳。文鼎論中、西二法之同異曰：「今之用新曆也，乃兼用其長，以補舊法之未備，非盡廢古法而從新法術也。夫西曆之同乎中法者，不止一端。其言五星之最高加減也，即中法之盈縮曆也，在太陰，則遲疾曆也。其言五星之歲輪也，即中法之段目也。其言恆星東行也，即中法之歲差也。其言節氣之以日躔過宮也，即中法之定氣也。其言各省眞節氣不同也，即中法之里差也。但中法言盈縮遲疾，而西說以最高最卑明其故；中法言段目，而西說以歲輪明其故；中法言歲差，而西說以恆星東行明其故。是則中曆所言者當然之運，而西曆所推者其所以然之理，此其可取者也。若夫定氣里差，中曆原有其法，但不以法曆耳，非古無而今始有也。西曆始有者，則五星之緯度是也。中曆之緯度，惟太陽、太陰有之，而五星則未有及之者。今西曆之五星有交點、有緯行，亦如太陽太陰之詳明，是則中曆缺陷之大端，得西法以補其未備矣。夫於中法之同，亦既有以明其所以然之故，而於中法之未備者，又有以補其缺，於是吾之積候者，得彼說而益信，而彼說之若難信者，亦因吾之積候而有以知其不誣，雖聖人復起，亦在所兼收而並取矣。」

五十年十月，上諭大學士等：「天文曆法，朕素留心，西法大端不誤，但分刻度數之間，積久不能無差。今年夏至，欽天監奏午正三刻，朕細測日景，是午初三刻九分。此時稍有舛錯，恐數十年後所差愈甚。猶之錢糧，微塵秒忽，雖屬無幾，而總計之，便積少成多，此事實有證驗，非比書生論說可以虛詞塞責也。」又諭禮部考取效力算法人員，臨軒親試，取顧琮等四十二人。五十一年五月，駕幸避暑山莊，徵梅文鼎之孫梅瑴成詣行在。先是命蘇州府教授陳厚耀，欽天監五官正何君錫之子何國柱、國宗，官學生明安圖，原任欽天監監副成德，皆扈從侍直，上親臨提命，許其問難如師弟子。及徵瑴成至，奏對稱旨，遂與厚耀等同直內廷。五十二年五月，修律呂、算法諸書，以誠親王允祉、皇十五子允禑、皇十六子允祿充承旨纂修，何國宗、梅瑴成充彙編，陳厚耀、魏廷珍、王蘭生、方苞等充分校。所纂之書，每日進呈，上親加改正焉。

五十三年四月，諭誠親王允祉等：「古曆規模甚好，但其數目歲久不合，今修書宜依古曆規模，用今之數目算之。」十月，又諭：「北極高度、黃赤距度最爲緊要，着於澹寧居後逐日測量。」乃製象限儀，儀徑五尺，範銅爲之，晝測日度，夜測勾陳帝星。又製中表、正表、倒表各二，俱高四尺，中表測日中心，正表、倒表測日上下邊之景。惟六表所得日景尾數多參差不合。梅瑴成言：「表高景澹，尾數難眞，自古患之。昔郭守敬爲銅表，端挾二龍，舉橫梁至四十尺，因其景虛澹，創爲景符以取實影。其製以銅葉博二寸，長加博之二，中穿一竅若針芥然，以方木爲趺，一端設機軸，令可開闔。稽其一端，使其針斜倚，北高南下，往來遷就於虛影之中。竅達日光，僅如黍米，隱然見橫梁於其中。」乃倣元史郭守敬製造景符六，如法用之，影尾數始毫末不爽。測得暢春園北極高三十九度五十九分三十秒，比京師觀象臺高四分三十秒，黃赤大距二十三度二十九分，比舊測減二分云。十一月，誠親王允祉等言：「郭守敬造授時術，遣人二十七處分測，故能密合。今除暢春園及觀象臺逐日測驗外，如福建、廣東、雲南、四川、陝西、河南、江南、浙江八省，於里差尤爲較著，請遣人逐日測量，得其眞數，庶幾東西南北里差及日天半徑，皆有實據。」從之。

五十八年二月，以推算人不敷用，敕禮部錄送蒙養齋考試，取傅明安等二十八人，命在修書處行走。六十年，御製算法書成，賜名數理精蘊。諭：「此書賜梅文鼎一部，命悉心校對。」遣其孫梅瑴成齎書賜之。六十一年六月，曆書稿成，並律呂、算法，共爲律曆淵源一百卷：一曰曆象考成上、下編，一曰律呂精義上、下編，續編，一曰數理精蘊上、下編。雍正元年，頒曆象考成於欽天監，是爲康熙甲子元法。自雍正四年爲始，造時憲書一遵曆象考成之法。又議准其御製之書，無庸欽天監治理，其治曆法之西洋人授爲監正。八年六月，監正明安圖言：「日月行度，積久漸差，法須旋改，始能密合。臣等遵御製曆象考成推算時憲，據監正戴進賢、監副徐懋德推測，覺有微差。於本月初一日日食，臣等公同測驗，實測與推算分數不合，乞敕下戴進賢、徐懋德詳加校定修理。」從之。十年四月，修日躔、月離表成。乾隆二年四月，協辦吏部尚書事顧琮言：「世宗皇帝允監臣言，請纂修日躔、月離二表，以推日月交合，幷交宮過度，晦朔弦望，晝夜永短，以及淩犯，共三十九頁，續於曆象考成諸表之末。查造此表者，監正西洋人戴進賢；能用此表者，監副西洋人徐懋德與五官正明安圖。擬令戴進賢爲總裁，徐懋德、明安圖爲副總裁，盡心考驗，增補圖說。曆象考成內倘有酌改之處，亦令其悉心改正。」敕：「卽著顧琮專管。」五月，琮復言：「乞命梅瑴成爲總裁，何國宗協同總裁。」從之。十一月，命莊親王允祿爲總理。

三年四月，莊親王允祿等言：「曆象考成一書，其數惟黃赤大距減少二分，餘皆仍新法算書西人第谷之舊。康熙中西人有噶西尼、法蘭德等，發第谷未盡之義，其大端有三：其一謂太陽地半徑差，舊定爲三分，今測祇有十秒；其一謂清蒙氣差，舊定地平上爲三十四分，高四十五度，祇有五秒，今測地平上止三十二分，高四十五度，尚有五十九秒；其一謂日月五星之本天非平圓，皆爲橢圓，兩端徑長，兩腰徑短。以是三者，經緯度俱有微差。戴進賢等習知其說，因未經徵驗，不敢遽以爲是。雍正八年六月朔日食，舊法推得九分二十二秒，今法推得八分十秒，驗諸實測，今法爲近。故奏準重修日躔、月離新表二差，以續於曆象考成之後。臣等奉命增修表解圖說，以日躔新表推算，春分比前遲十三刻許，秋分比前早九刻許，冬夏至皆遲二刻許。然以測午正日高，惟冬至比前高二分餘，夏至秋分僅差二三十秒。蓋測量在地面，而推算則以地心，今所定地半徑差與蒙氣差皆與前不同，故推算每差數刻，而測量終不甚相遠也。至其立法以本天爲橢圓，雖推算較繁，而損益舊數以合天行，頗爲新巧。臣等闡明理數，著日躔九篇並表數，乞親加裁定，附曆象考成之後，顏曰御製後編。凡前書已發明者，不復贅述。」報聞。七年，莊親王允祿等奏進日躔、月離、交宮共書十卷，是爲雍正癸卯元法。

九年十月，監正戴進賢等言：「靈臺儀象志原載星辰約七十年差一度，爲時已久，宜改定。康熙十三年修志之時，黃赤大距與今測不同，所列諸表，當逐一增修。三垣二十八宿以及諸星，今昔多寡不同，亦應釐訂。」敕莊親王、鄂爾泰、張照議奏。十一月，議准仍以三人兼管。是年更定羅睺、計都名目，又增入紫炁爲四餘。十七年，莊親王允祿等言儀象志所載之星，多不順序，今依次改正，共成書三十卷，賜名儀象考成。是月莊親王等復奏改正恆星經緯度表，幷更定二十八宿值日觜參之前後。敕大學士會同九卿議奏。十二月，大學士傅恆等言：「請以乾隆十九年爲始，時憲書之值宿，改觜前參後。」從之。既而欽天監又以推算土星有差減平行三十分，自乾隆以後至道光初，交食分秒漸與原推不合。

道光十八年八月，管理欽天監事務工部尚書敬徵言：「自道光四年臣管理監務，查觀象臺儀器，康熙十三年所製黃赤大距，皆爲二十三度三十二分。至乾隆九年重製璣衡撫辰儀，所測黃赤大距，則爲二十三度二十九分，是原設諸儀已與天行不合，今又將百年，卽撫辰儀亦有差失。臣將撫辰儀更換軸心，諸儀亦量爲安置。另製小象限儀一，令官生晝測日行，夜測月星，每逢節氣交食，所測實數有與推算不合者，詳加考驗。知由太陽緯度不合之數，測得黃赤大距較前稍小，其數僅二十三度二十七分。由交節時刻之早晚，考知太陽行度有進退不齊之分。夫太陽行度爲推測之本，諸曜宗之。而推日行，又以歲實、氣應兩心差曰本天最卑行度爲據。擬自道光十四年甲午爲年根，按實測之數，將原用數稍爲損益，推得日行交節時刻，似與實測之數較近。至太陰行度，以交食爲考驗之大端。近年測過之月食，較原推早者多，遲者少。故於月之平行、自行、交行內量爲損益，按現擬之平行，仍用諸均之舊數，推得道光十四年後月食三次。除十七年三月祇見初虧，九月天陰未測，僅測得道光十六年九月十五日月食，與新數所推相近，然僅食一次，尚未可憑，仍須隨時考驗。現屆本年八月十五日月食，謹將新擬用數推算得時刻食分方位，比較原推早見分秒，另繕清單進呈。至期臣等逐時測驗，再行據實具奏。」報聞。

二十二年六月，敬徵等又言：「每屆日月交食，按新擬用數推算，俱與實測相近。至本年六月朔日食，新推較之實測，僅差數秒。是新擬之數，於日行已無疑義，月行亦屬近合。今擬先測恆星，以符運度，繼考日躔、月離，務合天行。請以道光十四年甲午爲元，按新數日行黃赤大距，修恆星、黃赤道經緯度表，卽於測算時詳考五緯月行，俾恆星、五緯、日月交食等書，得以次第竣事。」從之。是年七月，以敬徵爲修曆總裁，監正周餘慶、左監副高煜爲副總裁。

二十五年七月，進呈黃道經緯度表、赤道經緯度表各十三卷，月五星相距表一卷，天漢界度表四卷，經星彙考、星首步天歌、恆星總紀各一卷，爲儀象考成續編。至日月交食、五星行度俱闕而未備云。時冬官正司廷棟撰淩犯視差新法，用弧三角布算，以限距地高及星距黃極以求黃經高弧三角，較舊法爲簡捷。乾隆以後，曆官能損益舊法，廷棟一人而已。其不爲曆官而知曆者，梅文鼎、薛鳳祚、王錫闡以下，江永、戴震、錢大昕、李善蘭爲尤著。其闡明中、西曆理，實遠出徐光啓、李之藻等之上焉。

〔一〕按：「關內本」和「關外一次本」在本志第九之後都曾有十至十六凡七卷。內容爲八線表一至七，只是抄列通行的對數表，參考價值不大，所以不再增補。

清史稿卷四十六

志二十一

時憲二

推步算術

推步新法所用者，曰平三角形，曰弧三角形，曰橢圓形。今撮其大旨，證立法之原，驗用數之實，都爲一十六術，著於篇。

平三角形者，三直線相遇而成。其線爲邊，兩線所夾空處爲角。有正角，當全圓四分之一，如甲乙丙形之甲角。有銳角，不足四分之一，如乙、丙兩角。有鈍角，過四分之一，如丁戊己形之戊角。

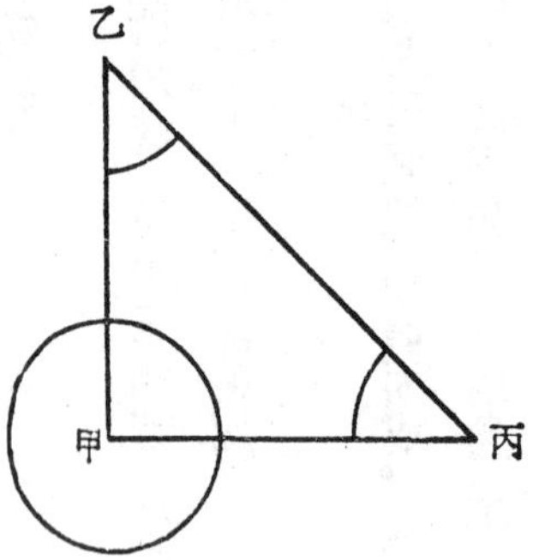

角之度無論多寡，皆有其相當之八線。曰正弦、正矢、正割、正切，所有度與九十度相減餘度之四線也，如甲乙爲本度，則丙乙爲餘度。正弦乙戊，正矢甲戊，正割庚丁，正切庚甲，餘弦乙己，餘矢丙己，餘割辛丁，餘切辛丙。若壬癸爲本度，則丑癸爲餘度，正弦癸辰，正矢壬辰，餘弦癸卯，餘矢丑卯，餘割子寅，餘切丑寅。以壬癸過九十度無正割、正切，借癸午之子未爲正割，午未爲正切。若正九十度丑壬爲本度，則無餘度，丑子半徑爲正弦，壬子半徑爲正矢，亦無正割、正切，並無餘弦、餘矢、餘割、餘切。

古定全圓周爲三百六十度，四分之一稱一象限，爲九十度。每度六十分，每分六十秒，每秒六十微。圓半徑爲十萬，後改千萬。逐度逐分求其八線，備列於表。推算三角，在九十度內，欲用某度某線，就表取之，算得某線。欲知某度，就表對之。過九十度者，欲用正弦、正割、正切及四餘，以其度與半周相減餘，就表取之。欲用正矢，取餘弦加半徑爲之。既得某

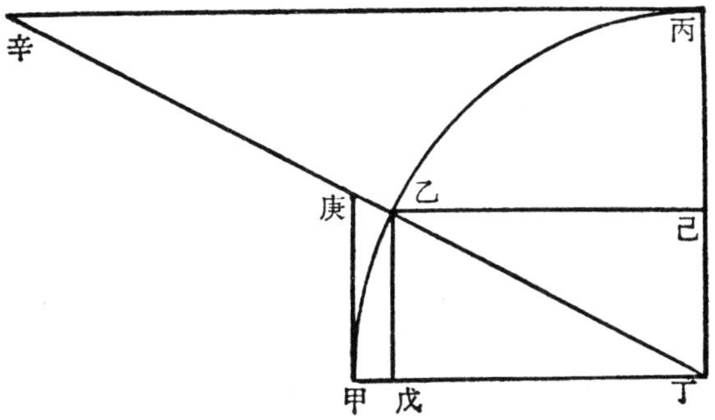

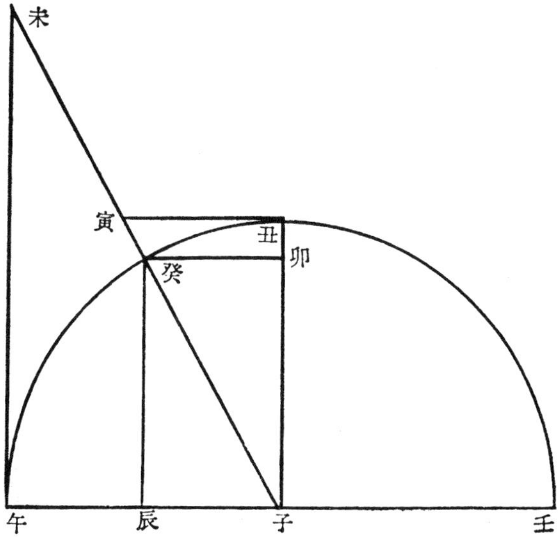

線，欲知某度，就表對得其度與半周相減餘命之。

算平三角凡五術：

一曰對邊求對角，以所知邊爲一率，對角正弦爲二率，所知又一邊爲三率，二三相乘，

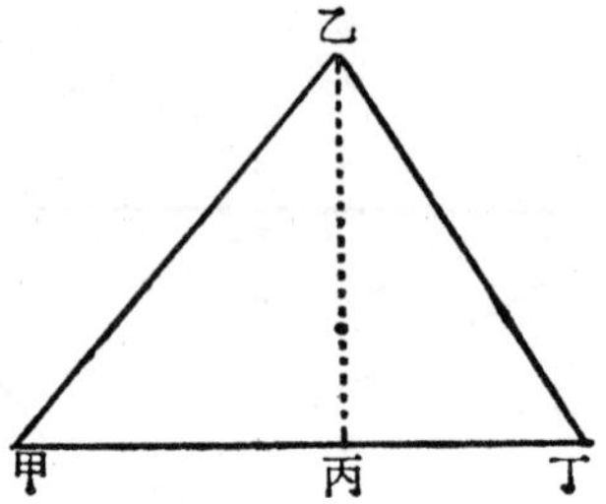

一率除之，求得四率，爲所不知之對角正弦。如圖甲乙爲所知邊，丁角爲所知對角，乙丁爲所知又一邊，甲角爲所不知對角也。此其理係兩次比例省爲一次。如圖乙丁爲半徑之比，乙丙爲丁角正弦之比。法當先以半徑爲一率，丁角正弦爲二率，乙丁爲三率，求得四率中垂線乙丙。既得乙丙，甲乙爲半徑之比，乙丙又爲甲角正弦之比。乃以甲乙爲一率，乙丙爲二率，半徑爲三率，求得四率，自爲甲角正弦。然後合而算之，以先之一率半徑與後之一率甲乙相乘爲共一率，先之二率丁角正弦與後之二率乙丙相乘爲共二率，先之三率乙丁與後之三率半徑相乘爲共三率，求得四率，自爲先之四率乙丙與後之四率甲角正弦相乘數，仍當以乙丙除之，乃得甲角正弦。後既當除，不如先之勿乘。共二率內之乙丙與三率相乘者也，乘除相報，乙丙宜省。又共三率內之半徑與二率相乘者也，共一率內之半徑又主除之，乘除相報，半徑又宜省。故徑以

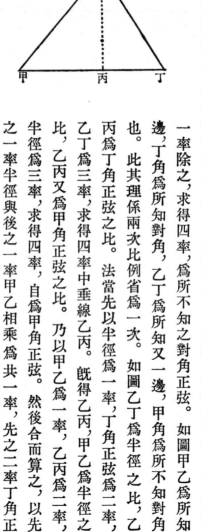

甲乙爲一率，丁角正弦爲二率，乙丁爲三率，求得四率，爲甲角正弦。

二曰對角求對邊，以所知角正弦爲一率，對邊爲二率，所知又一角正弦爲三率，求得四率，爲所不知對邊。 此其理具對邊求對角，反觀自明。

三曰兩邊夾一角求不知之二角，以所知角旁兩邊相加爲一率，相減餘爲二率，所知角與半周相減，餘爲外角，半之，取其正切爲三率，求得四率，爲半較角正切。對表得度，與半外角相加，爲對所知角旁略大邊之角；相減，餘爲對所知角旁略小邊之角。此其理一在平三角形。三角相併，必共成半周。 如圖甲乙丙形，中垂線甲丁，分爲兩正角形。 正角爲長方之半，長方四角皆正九十度，正角形兩銳角斜剖長方，此角過九十度之半幾何，彼角不足九十度之半亦幾何，一線徑過，其勢然也。 故甲右邊分角必與乙角合爲九十度，甲左邊分角必與丙角合爲九十度。 論正角形各加丁角，皆成半周，合爲銳角形。 除去丁角，三角合亦自爲半周。 故既知一角之外，其餘二角雖不知各得幾何度分，必知其共得

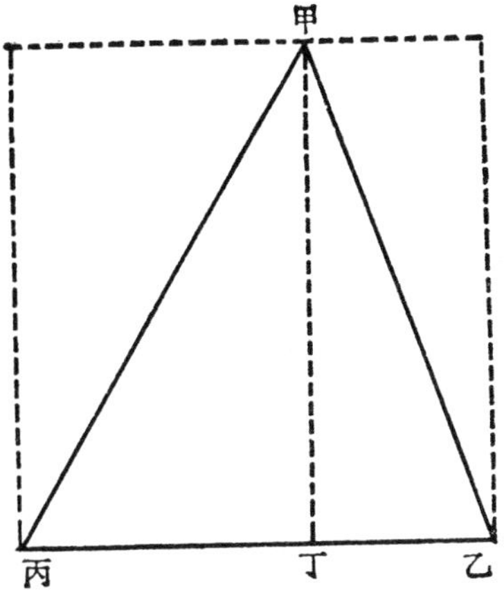

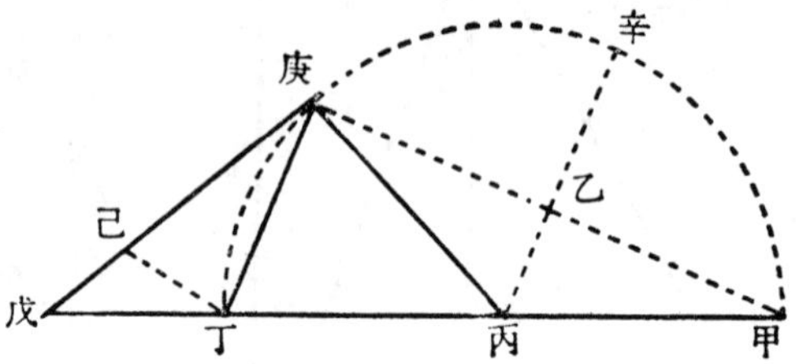

此角減半周之餘也。一在三角同式形比例。如圖丙庚戊形，知丙庚、丙戊兩邊及丙角。展丙庚爲丙甲，連丙戊爲甲戊，兩邊相加。截丙戊於丙丁，爲戊丁，兩邊相減餘。作庚丁虛線，丙庚、丙丁同長，庚丁向圓內二角必同度，是皆爲丙角之半外角，與甲辛、辛庚之度等。而庚向圓外之角，卽本形庚角大於戊角之半，是爲半外角。以庚丁爲半徑之比，則甲庚卽爲丁半外角正切之比。半徑與正切恆爲正角，甲庚與庚丁圓內作兩通弦，亦無不成正角故也。又作丁己線，與甲庚平行，庚丁仍爲半徑之比，丁己又爲庚向圓外半較角正切之比。而戊甲庚大形與戊丁己小形，戊甲、戊丁既在一線，甲庚、丁己又係平行，自然同式。故甲戊兩邊相加爲一率，戊丁兩邊相減餘爲二率，甲庚半外角正切爲三率，求得四率，自當丁己半較角正切也。

四曰兩角夾一邊求不知之一角，以所知兩角相併，與半周相減，餘卽得。此其理具兩邊夾一角。

五曰三邊求角，以大邊爲底，中、小二邊相併相減，兩數相乘，大邊除之，得數與大邊相加折半爲分底大邊，相減餘折半爲分底小邊。乃以中邊爲一率，分底大邊爲二率，半徑爲三率，求得四率，爲對小邊角餘弦。或以小邊爲一率，分底小邊爲二率，半徑爲三率，求得四率，爲對中邊角餘弦。此其理在勾股弦冪相求及兩方冪相較。如圖甲丙中邊、甲乙小邊皆爲弦，乙丙大邊由丁分之，丁丙、丁乙皆爲勾，中垂線甲丁爲股。勾股冪相併恆爲弦冪，今甲丁股既兩形所同，則甲丙大弦冪多於甲乙小弦冪，卽同丙丁大勾冪多於乙丁小勾冪。又兩方冪相較，恆如兩方根和較相乘之數。如圖戊寅壬庚爲大方冪，減去己卯辛庚小方冪，餘戊己卯辛壬寅曲矩形。移卯癸壬

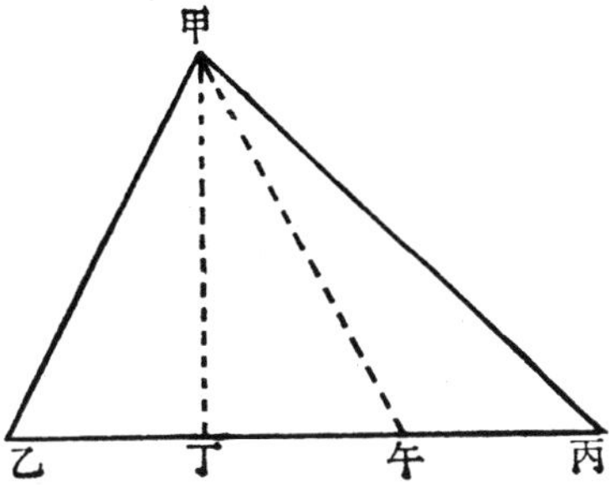

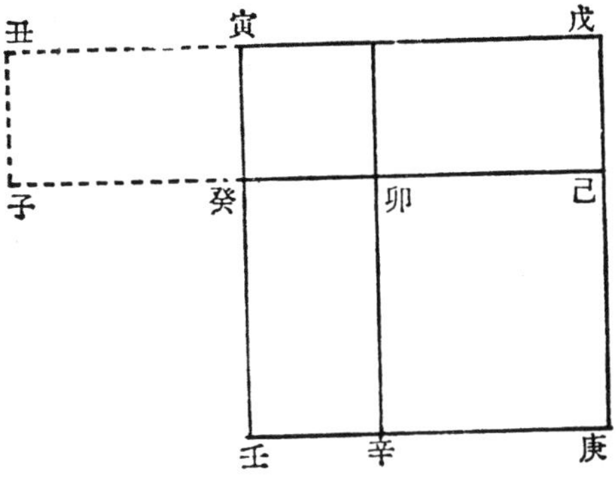

辛爲癸寅丑子，成一直方形，其長戊丑，自爲大方根戊寅、小方根卯辛之和；其闊戊己，自爲大方根戊庚、小方根己庚之較。故甲乙丙形，甲丙、甲乙相加爲和，相減爲較。兩數相乘，卽如丙丁、丁乙和較相乘之數。丙乙除之，自得其較。丙午相加相減各折半，自得丙丁及乙丁，既得丙丁、乙丁，各以丙甲、乙甲爲半徑之比，丙丁、乙丁自爲餘弦之比矣。

此五術者，有四不待算，一不可算。對邊求對角，令所知兩邊相等，則所求角與所知角必相等。對角求對邊，令所知兩角相等，則所求邊與所知邊必相等。兩邊夾一角，令所知兩邊相等，則所求二角必正得所知外角之半。三邊求角，令二邊相等，卽分不等者之半爲底邊；三邊相等，卽平分半周三角皆六十度，皆不待算也。若對邊求對角，所知一邊數少，對所知一角銳；又所知一邊數多，求所對之角，不能知其爲銳、爲鈍，是不可算也。諸題求邊角未盡者，互按得之。

弧三角形者，三圓周相遇而成，其邊亦以度計。九十度爲足，少於九十度爲小，過九十度爲大。其角銳、鈍、正與平三角等。算術有七：

一曰對邊求對角，以所知邊正弦爲一率，對角正弦爲二率，所知又一邊正弦爲三率，求得四率，爲所求對角正弦。此其理亦係兩次比例省爲一次。如圖甲乙丙形，知甲乙、丙乙

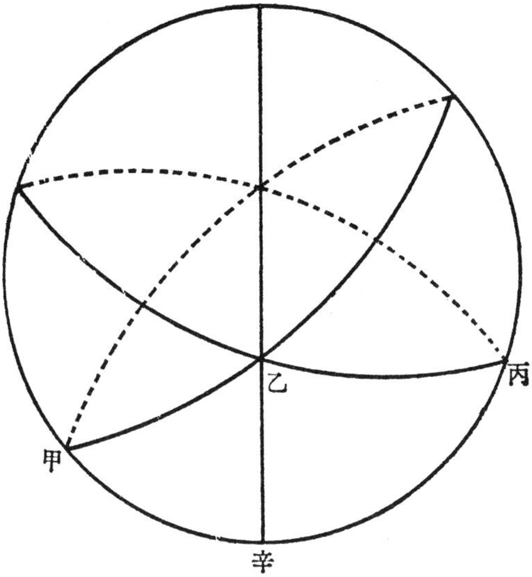

二邊及丙角，求甲角。作乙辛垂弧，半徑與丙角正弦之比，同於乙丙正弦與乙辛正弦之比。法當以半徑爲一率，丙角正弦爲二率，乙丙正弦爲三率，求得四率，爲乙辛正弦。既得乙辛正弦，甲乙正弦與乙辛正弦之比，同於半徑與甲角正弦之比。乃以甲乙正弦爲一率，乙辛正弦爲二率，半徑爲三率，求得四率，爲甲角正弦。然乘除相報，可省省之。

二曰對角求對邊，以所知角正弦爲一率，對邊正弦爲二率，所知又一角正弦爲三率，求得四率，爲所求對邊正弦。此其理反覯自明。

三曰兩邊夾一角，或銳或鈍，求不知之一邊。以半徑爲一率，所知角餘弦爲二率，任以所知一邊正切爲三率，求得四率，命爲正切。對表得度，與所知又一邊相減，餘爲分邊。乃以前得度餘弦爲一率，先用邊餘弦爲二率，分邊餘弦爲三率，求得四率，爲不知之邊餘弦。原

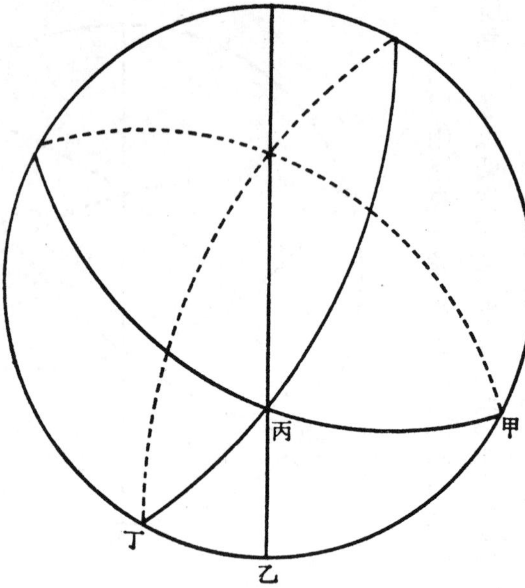

角鈍，分邊大，此邊小；分邊小，此邊大。原角銳，分邊小，此邊小；分邊大，此邊大。此其理係三次比例省爲二次。如圖甲丙丁形，知甲丙、甲丁二邊及甲角，中作垂弧丙乙，半徑與甲角餘弦之比，同於甲丙正切與甲乙正切之比。先一算爲易明。既分甲丁於乙，而得丁乙分邊，甲乙餘弦與半徑之比，同於甲丙餘弦與丙乙餘弦之比。法當先以甲乙餘弦爲一率，半徑爲二率，甲丙餘弦爲三率，求得四率，爲丙乙餘弦。既得丙乙餘弦，半徑與乙丁餘弦之比，同於丙乙餘弦與丁丙餘弦之比。乃以半徑爲一率，乙丁餘弦爲二率，丙乙餘弦爲三率，求得四率，爲丁丙餘弦。然而乘除相報，故從省。兩邊夾一角若正，則徑以所知兩邊餘弦相乘半徑除之，卽得不知邊之餘弦，理自明也。所知兩邊俱大俱小，此邊小；所知兩邊一小一大，此邊大。

四曰兩角夾一邊，求不知之一角。以角爲邊，以邊爲角，反求之；得度，反取之；求、取皆與半周相減。

五曰所知兩邊對所知兩角，或銳、或鈍，求不知之邊角。以半徑爲一率，任以所知一角之餘弦爲二率，對所知又一角之邊正切爲三率，求得四率，命爲正切，對表得度。復以所知又一角、一邊如法求之，復得度。視原所知兩角銳、鈍相同，則兩得度相加；不同，則兩得度相減；皆加減爲不知之邊。乃按第一術對邊求對角，卽得不知之角。原又一角鈍，對先用角之邊大於後得度，此角鈍；對先用角之邊小於後得度，此角銳。原又一角銳，對先用角之邊小於後得度，此角鈍；對先用角之邊大於後得度，此角銳。此其理係垂弧在形內與在形外之不同，及角分銳鈍，邊殊大小，前後左右俯仰向背之相應。如圖甲乙丙形，甲乙二角俱銳，兩銳相向，故垂弧丙丁，從中取正，而在形內。己丙庚形，己庚二角

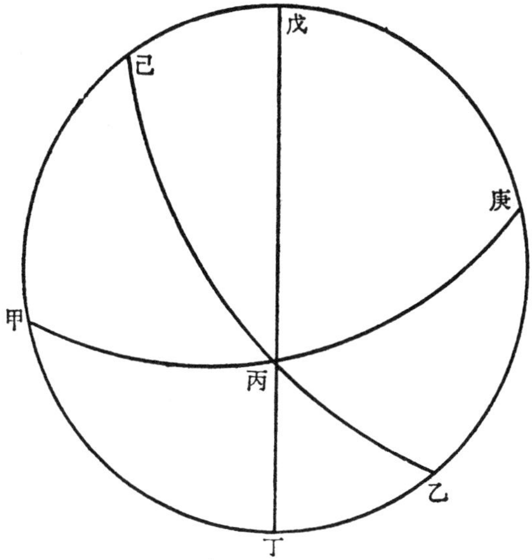

俱鈍，兩鈍相向，故垂弧戊丙亦在形內。庚丙乙形，庚乙兩角，一銳一鈍相違，垂弧丙丁，從外補正，自在形外。在形內者判底邊爲二，兩得分邊之度，如乙丁、丁甲，合而成一底邊如乙甲，故宜相加。在形外者，引底邊之餘，兩得分邊之度，如庚丁、乙丁，重而不揜，底邊如庚乙，故宜相減。銳鈍大小之相應，亦如右圖審之。所知兩邊對所知兩角有一正，則一得度卽爲不知之邊，理亦自明。

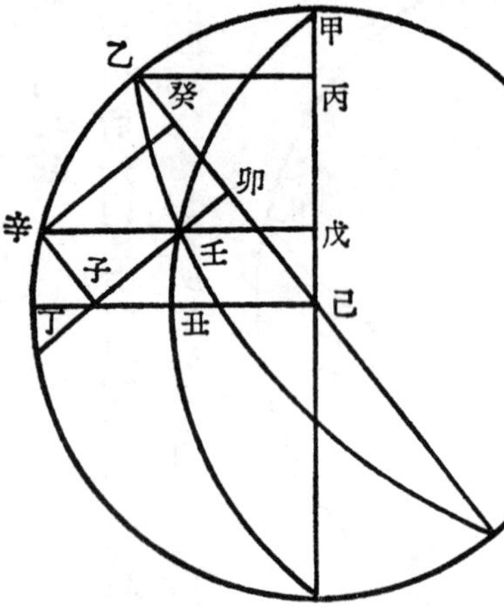

六曰三邊求角，以所求角旁兩邊正弦相乘爲一率，半徑自乘爲二率，兩邊相減餘爲較弧，取其正矢與對邊之正矢相減餘爲三率，求得四率，爲所求角正矢。此其理在兩次比例省爲一次。如圖甲壬乙形，求甲角，其正矢爲丑丁。法當以甲乙邊正弦乙丙爲一率，半徑乙己爲二率，兩邊較弧正矢乙癸與對邊正矢乙卯相減餘癸卯同辛子爲三率，求得四率爲壬辛。乃以甲壬邊正弦戊辛爲一率，壬辛爲二率，半徑己丁爲三率，求得四率爲丑丁。甲角正矢亦以乘除相報，故從省焉。

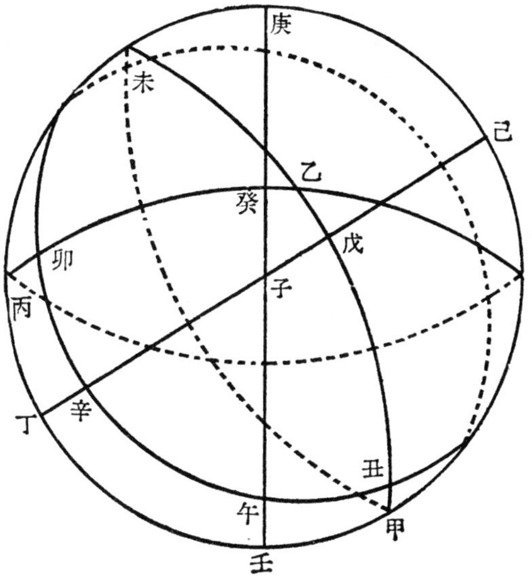

七曰三角或鋭、或鈍求邊，以角爲邊，反求其角；既得角，復取爲邊；求、取皆與半周相減。此其理在次形，如圖甲乙丙形，甲角之度爲丁戊，與半周相減爲戊己，其度必同於次形子辛午之子辛邊，蓋丑卯爲乙之角度丑點之交，甲乙弧必爲正角，丁戊爲甲之角度戊點之交，甲乙弧亦必爲正角。以一甲乙而交丑辛、戊辛二弧皆成正角，則二弧必皆九十度，弧三角之勢如此也。戊辛既九十度，子己亦九十度，去相覆之戊子，己戊自同子辛，於是庚癸必同子午，卯未必同午辛，理皆如是矣。而此形之餘角既皆爲彼形之邊，彼形餘角不得不爲此形之邊，故反取之而得焉。若三角有一正，除正角外，以一角之正弦爲一率，又一角之餘弦爲二率，半徑爲三率，求得四率，爲對又一角之邊餘弦。此其理亦係次形，而以正角及一角爲次形之角，以又一角加減象限爲次形對角之邊，取象稍異。

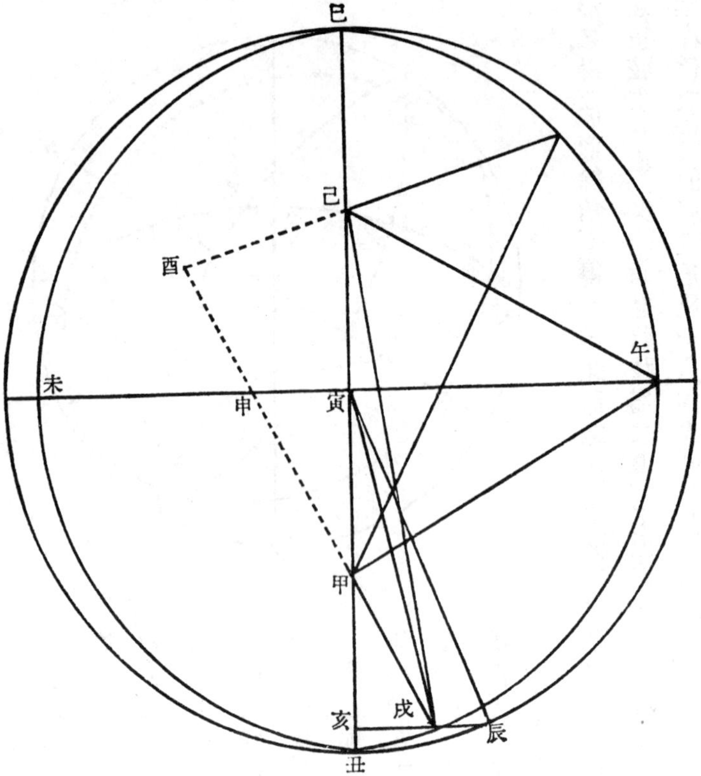

凡茲七術，惟邊角相求，有銳鈍、大小不能定者，然推步無其題，不備列。此七題中求邊角有未盡者，互按得之。

橢圓形者，兩端徑長、兩腰徑短之圓面。然必其應規，乃可推算。作之之術，任以兩點各爲心，一點爲界，各用一針釘之，圍以絲線，末以鉛筆代爲界之。針引而旋轉，卽成橢圓形。如圖甲己午三點，如法作之，爲丑午巳未橢圓，寅丑、寅巳爲大半徑，寅午、寅未爲小半徑，寅甲爲兩心差，己甲爲倍兩心差。

甲午數如寅巳，亦同寅丑，巳午如之；二數相和，恆與丑巳同。令午針引至申，甲申、申巳長短雖殊，共數不易。甲午同大半徑之數如弦，兩心差如勾，小半徑如股，但知兩數，卽可以勾股術得不知之一數。若求面積，以平方面率四〇〇〇〇〇〇〇〇爲一率，平圓面率三一四一五九二六五爲二率，大小徑相乘成長方面爲三率，求得四率爲橢圓面積。若求中率半徑，大小半徑相乘，平方開之卽得。然自甲心出線，離丑右旋，如圖至戌，甲丑、甲戌之間，有所割之面積，亦有所當之角度。

角積相求，爰有四術：

一曰以角求積，以半徑爲一率，所知角度正弦爲二率，倍兩心差爲三率，求得四率爲倍兩心差之端，垂線如巳酉。又以半徑爲一率，所知角度餘弦爲二率，倍兩心差爲三率，求得四率爲界度積線，引出之線如甲酉，倍兩心差之端垂線爲勾自乘。以引出之線，與甲戌、巳戌和如巳丑大徑者相加爲股弦和，除之得較。和、較相加折半爲巳戌弦，與大徑相減爲甲戌線。又以半徑爲一率，所知角正弦爲二率，甲戌線爲三率，求得四率爲戌亥邊。又以小徑爲一率，大徑爲二率，戌亥邊爲三率，求得四率爲辰亥邊。又以大半徑寅辰同寅丑爲一率，半徑爲二率，辰亥邊爲三率，求得四率爲正弦，對表得度。又以半周天一百八十度化秒爲一率，半圓周三一四一五九二六爲二率，所得度化秒爲三率，求得四率爲比例弧線。又以半徑爲一率，大半徑爲二率，比例弧線爲三率，求得四率爲辰丑弧線，與大半徑相乘折半，爲寅辰丑分平圓面積。又以大半徑爲一率，小半徑爲二率，分平圓面積爲三率，求得四率爲寅戌丑分橢圓面積。乃以寅甲兩心差與戌亥邊相乘折半，與寅戌丑相減，爲甲戌、甲丑之間所割面積。此其理具本圖及平三角、弧三角，其法至密。

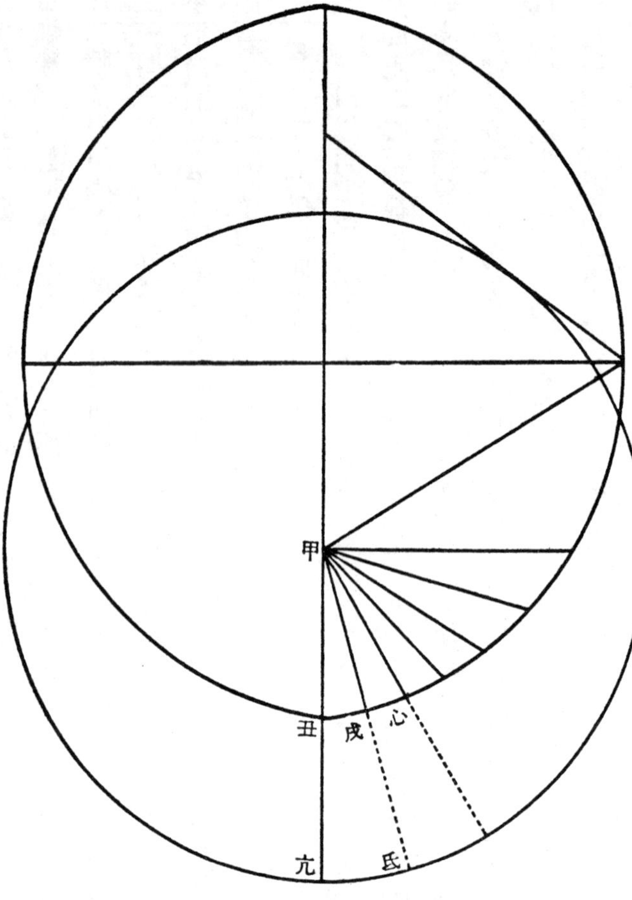

二曰以積求角，以兩心差減大半徑餘

得甲丑線自乘爲一率，中率半徑自乘爲二率，甲戌、甲丑之間面積爲三率，求得四率爲中率

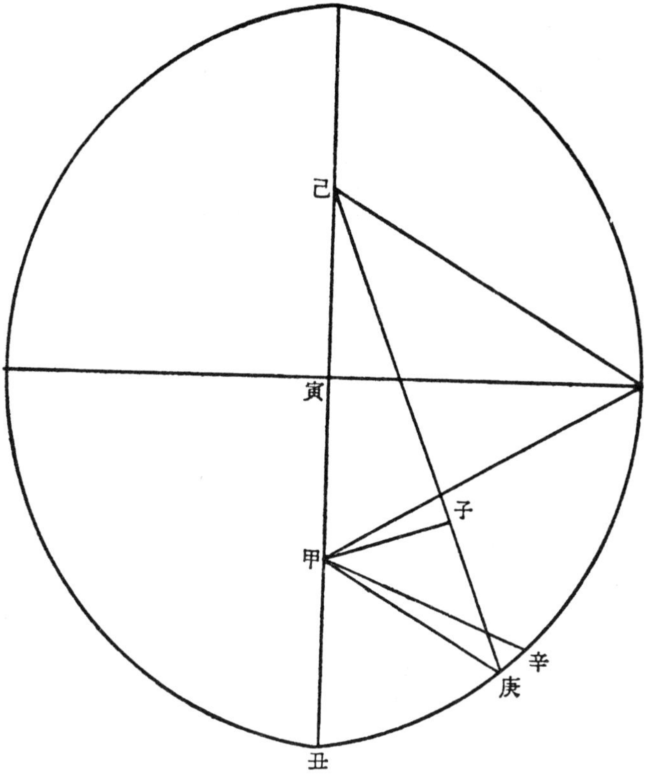

面積，如甲氐亢。分橢圓面積爲三百六十度，取一度之面積爲法除之，卽得甲戌、甲丑之間所夾角度，此其理爲同式形比例。然甲亢與甲氐同長，甲戌則長於甲丑，以所差不多，借爲同數。若引戌至心，甲丑甲心所差實多，仍須用前法求甲戌線，借甲戌甲心相近爲同數求之。

三曰借積求積，以所知面積，如圖之辛甲丑，用一度之面積爲法除之，得面積之度。設其度爲角度，於倍兩

心差之端如庚己丑。以半徑爲一率，己角正弦爲二率，倍兩心差爲三率，求得四率爲甲子垂線。又以半徑爲一率，己角餘弦爲二率，倍兩心差爲三率，求得四率爲己子分邊。甲子爲勾自乘，己子與大徑相減餘爲股弦和，除之得股弦較。和、較相加折半得甲庚線。又以甲庚線爲一率，甲子垂線爲二率，半徑爲三率，求得四率爲庚角正弦，得度與己角相加爲庚甲丑角。乃用以角求積法，求得庚甲丑面積，與辛甲丑面積相減餘如庚甲辛，又用以積求角法，求得度，與庚甲丑角相加，卽得辛甲丑角。

四曰借角求角，以所知面積如前法取爲積度，如丑甲丁。設其度爲角度，於橢圓心如丁乙辛。以小半徑爲一率，大半徑爲二率，所設角度正切爲三率，求得四率爲丁乙癸角正切。對表得度，乃於倍兩心差之端丙作丙丑線，卽命丑丙甲角如癸乙丁之角度，乃將丙丑線引長至寅，使丑寅與甲丑等，則丙寅同大徑。又作甲寅線，成甲寅丙三角形，用切線分外角法求得寅角，倍之爲甲丙丑形之丑角，與丙角相加爲丑甲丁角。此其理癸乙甲角度多於丑甲丁積度，爲子乙癸角度。卽以此度當前之補算辛甲庚者，蓋所差無多也。

此四術內凡單言半徑者，皆八線表一千萬之數。

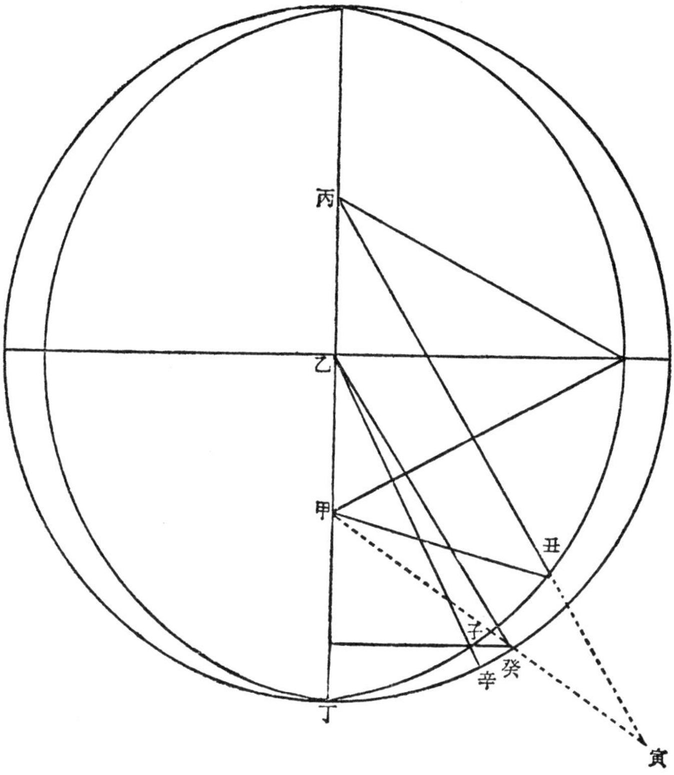
丙
乙
甲
丑
子
癸
辛
丁
寅

清史稿卷四十七

志二十二

時憲三

康熙甲子元法上 上卷述立法之原，中卷志七政恆星之順軌，下卷志諸曜相距之數。

日躔立法之原：

一，求南北眞線以正面位。用方案極平，作圜數層，植表於圜心取日影。識表末影切圜上者，視左右兩點同在一圜聯爲直線，卽正東西；取東西線正中向圜心作垂線，卽正南北。於京師以羅針較之，偏東四度餘。乾隆十七年改爲二度三十分。

一，測北極高度以定天體。於冬至前後，用儀器測勾陳大星出地之度，酉時此星在北極之上，候其漸轉而高，至不復高而止。卯時此星在北極之下，候其漸轉而低，至不復低而止。以最高最低之度折中取之，爲北極高度。恆星無地半徑差，勾陳距地又高，蒙氣差亦微，其數確準。以此測得暢春園北極高三十九度五十九分三十秒。

一，求地半徑差以驗地心實高、地面視高之不同。康熙五十四年五月甲子午正，在暢春園測得太陽高七十三度一十六分零二十三微，同時於廣東廣州府測得太陽高九十度零六分二十一秒四十八微。暢春園赤道距天頂三十九度五十九分三十秒，廣州府赤道距天頂二十三度十分，偏西三度三十三分。時夏至後八日，日躔最高，用平三角形推得地半徑與太陽距地心比例，如一與一千一百六十二。又康熙五十五年三月丙申午正，在暢春園測得太陽高五十三度零三分三十八秒一十微，同時於廣東廣州府測得太陽高六十九度五十四分零八秒三十六微。時春分後八日，日躔中距，推得地半徑與太陽距地心比例，如一與一千一百四十二。乃以太陽最高與本天半徑比例數一〇一七九二〇八與地半徑比例數一一六二之比，爲太陽最卑與本天半徑比例數九八二〇七九二與地半徑比例之比，得一千一百二十一。既得三限距地心之遠，用平三角形逐度皆推得地半徑差。

一，求黃赤距緯以正黃道。康熙五十三年，於暢春園累測夏至午正太陽高度，得視高七十三度二十九分十餘秒。加地半徑差五十秒，得實高七十三度三十分。減去本地赤道高五十度零三十秒，餘二十三度二十九分三十秒，爲黃赤大距。用弧三角形逐度皆推得距緯。

一，求淸蒙氣差以驗地中遊氣映小爲大、升卑爲高之數。明萬曆間，西人第谷於其國北極出地五十五度有奇，測得地平上最大差三十四分。自地平以上，其差漸少，至四十五度，其差五秒，更高無差。其測算之法，如太陽視高十度三十四分四十二秒，距正午八十三度，於時日躔降婁宮三度三十六分，距赤道北一度二十六分。北極距天頂五十度零三十秒，用距正午、距赤道北、北極距天頂三度，作弧三角形，求得太陽實高十度二十七分五十三秒。與視高相減，又加地半徑差二分五十七秒，得九分四十六秒，爲地平上十度三十五分之蒙氣差。本法仍之。

一，測歲實以定平行。康熙五十四年二月癸未午正，於暢春園測得太陽高五十度零三十二秒三十五微，加地半徑差一分五十六秒零五微，得實高五十度零二分二十八秒四十微。此所加地半徑差，仍新法算書舊數加之，其實地半徑與太陽距地心比例，高、卑、中距三限，次年始定，覆推無異，故不改也。至求地半徑差，取春分及夏至後八日，亦仍舊算。其實最高之限，累日測得，不在預定。夏至中距之限既未定，歲實亦轉由最卑而得其準。最高最卑之比例，則在交食也。其廣州府偏西度，蓋先測月食時刻得之。與赤道高五十度零三十秒相減，餘一分五十八秒四十微，爲太陽在赤道北之緯度。知春分時在午正前，以此緯度及黃赤大距作弧三角形，推得黃道度四分五十七秒四十三微，爲太陽過春分經度。次日午正，復測得緯度，推得太陽過春分一度零四分零六秒零三微，兩過春分度相減，餘爲一日之行五十九分零八秒二十微，比例得本日春分在巳初三刻十四分十秒四十八微。又康熙五十五年二月戊子午正，於暢春園測得太陽高四十九度五十四分四十九秒五十一微，依法求之，得本日春分在申初三刻二分五十五秒四十八微。總計兩春分相距三百六十五日五時三刻三分四十五秒，爲歲實；爲法，除天周，得每日平行。

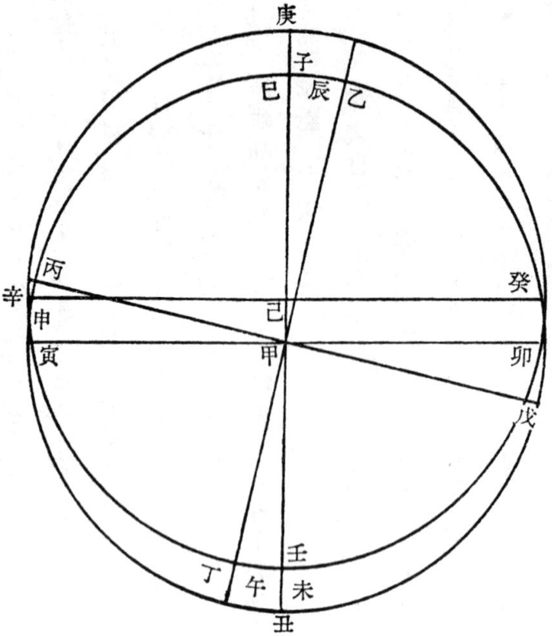

一，求兩心差及最高所在以考盈縮。康熙五十六年二至後，暢春園逐日測午正太陽高度，求其經度，各用本日次日比測之實行。推得五月甲戌辰正一刻零四十秒四十五微交未宮七度，乙亥巳初一刻十四分五十七秒二十七微交未宮八度，十一月丁丑子正一刻一十二分五十七秒四十一微交丑宮七度，本日夜子初三刻十二分二十七秒四十七微交丑宮八度。用此兩數以立法，如圖甲爲地心，卽宗動天心，乙丙丁戊爲黃道，與宗動天同心，乙爲夏至，丙爲秋分，丁爲冬至，戊爲春分。又設己點爲心，作庚辛壬癸圈，爲不同心天，庚爲最高，當黃道子，壬爲最卑，當黃道丑，寅卯爲中距，過己甲兩心作庚丑線，則平分本天與黃道各爲兩半周。夏至乙至冬至丁，引出乙丁線，割不同心天之左半大於半周歲。秋分丙至春分戊，引出丙戊線，割不同心天之下半小於半周歲。今測未宮七度至丑宮七度，歷一百八十二日一十六時一十二分一十六秒五十六微，大於半周歲一時一十七分五十四秒二十六微；未宮八度至丑宮八度，歷一百八十二日一十四時二十七分三十秒二十微，小於半周歲二十六分五十二秒一十微。卽知未宮七度在最高前如辰，八度在最高後如巳，丑宮七度在最卑前如午，八度在最卑後如未。以大小兩數相併，與辰巳或午未一度之比，同於大於半周歲之數與辰子或午丑之比，得四十四分三十六秒四十八微，與乙辰或丁午之七度相加，爲高卑過二至之度。以最高卑每歲有行分，今合高卑以立算，定爲本年中距過秋分之度。又用比例法推得秋分後丙午日巳正一刻十三分四十九秒過中距，若在黃道，應從最高子行九十度至寅，爲辰宮七度四十四分三十六秒四十八微。以實測求之，在申不及二度零三分零九秒四十微，檢其正切，得三五八四一六爲設本天半徑一千萬之己甲兩心差。又本年暢春園測得春分爲二月癸巳亥初二刻六分四十七秒，立夏爲三月己卯亥正二刻一分三十六秒，秋分爲八月庚子申初二刻四分三

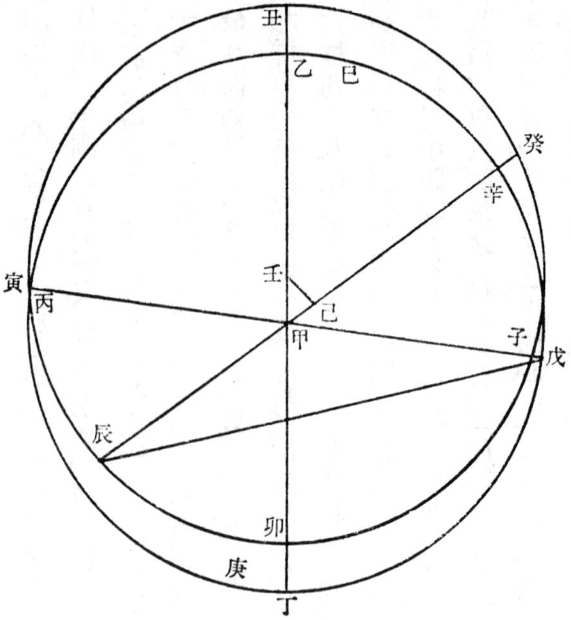

秒，各計其相距之日，推得平行度以立算。如圖甲爲地心，乙丙丁戊爲黃道，戊爲春分，巳爲夏至，丙爲秋分，庚爲冬至，辛爲立夏。子丑寅卯爲不同心天，壬爲天心，春分時太陽在子，立夏在癸，秋分在寅。丑爲最高，卯爲最卑，求壬甲兩心差，並求辛甲乙角，爲最高距立夏。取甲辰子平三角形及壬己甲勾股形，求得壬甲爲三五八九七七，比前數多一千萬分之五百六十一。又求得甲角五十三度三十八分二十五秒五十五微，爲最高距立夏，內減夏至距立夏四十五度，得最高過夏至後八度三十八分二十五秒五十五微，皆與前數不合。於是定用於兩心差分設本輪、均輪之法。

一，求最高行及本輪、均輪半徑以定盈縮。康熙十七年，測得最高在夏至後七度零四

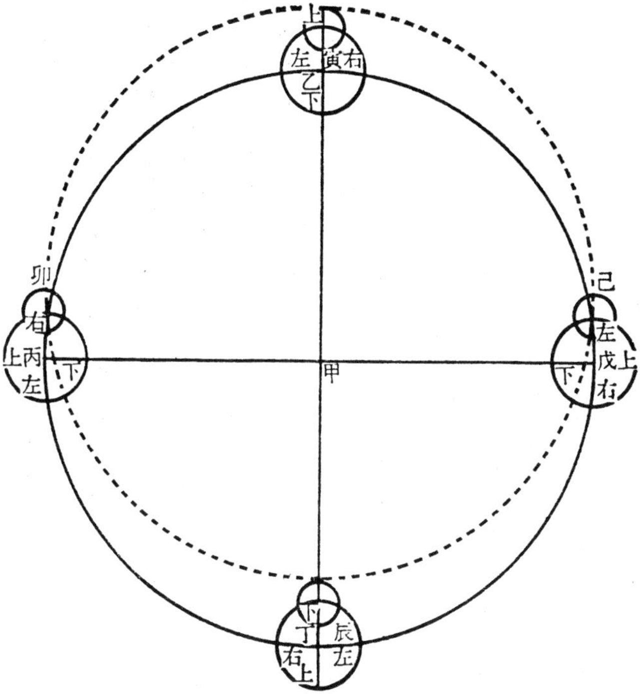

分零四秒。五十六年，測得最高在夏至後七度四十三分四十九秒，約得每年東行一分一秒十微。又定本天半徑爲一千萬，用兩心差四分之三爲本輪半徑，其一爲均輪半徑。如圖甲爲地心，卽本天心，乙丙丁戊爲本天，注左右上下爲本輪，最小圈爲均輪，寅爲太陽最高，辰爲最卑。本輪心循本天周起冬至右旋爲平行，均輪心循本輪周起最卑左旋爲引數。二輪之行相較，卽最卑行。太陽循均輪周右旋，均輪在最高最卑，則最近於本輪心，如寅、辰；均輪在中距，則最遠於本輪心，如卯、己。其行倍於均輪積點者，舊設不同心天，數與均輪不合。

一，立曚影刻分限以定晨昏，測得在太陽未出之先、已入之後，距地平一十八度內。

月離立法之原：

一，求平行度。依西人依巴谷法，定爲一十二萬六千零七日四刻爲兩月食各率齊同之距，會望轉終，皆復其始。計其中積，凡爲會望者四千二百六十七，爲轉終者四千五百七十三。置中積日刻爲實，會望數除之，得會望策。乃以天周爲實，會望策除之，爲每日太陰平行距太陽之度。加太陽每日平行，爲每日太陰平行白道經度。又置中積日刻爲實，轉終數除之，得轉終分。置天周爲實，轉終分除之，爲每日太陰自行度。每日白道經度與自行度相減，爲每日最高行。

一，推本輪半徑及最高以考遲疾。西人第谷測三月食，如第一食日躔鶉首宮七度三十五分四十七秒五十三微，月離星紀宮度分秒同，月行遲末限之初。第二食日躔壽星宮初度，月離降婁宮度同，月行遲初限將半。第三食日躔星紀宮二度五十四分零二秒四十九微，月離鶉首宮度分秒同，月行疾末限之初。第一食距第二食一千一百八十日二十二時一十四分零四秒，實行相距八十二度二十四分一十二秒零七微，平行相距八十度二十一分一十秒，自行相距三百零八度四十七分零七秒二十七微。第二食距第三食一千九百一十八日二十三時零五分五十七秒，實行相距九十二度五十四分零二秒四十九微，平行相距八十五度零二十五秒，自行相距二百三十一度一十二分五十二秒三十三微。用平三角形推得本輪半徑爲本天半徑十萬分之八千七百，又推得最高行度，計至崇禎元年首朔月過最高三十七度三十四分三十四秒，然泛以三月食推之，本輪半徑之數不合，故設均輪。

一，立四輪之行以定遲疾。西人第谷徵諸實測，將本輪半徑三分之，存其二爲本輪半徑，其一爲均輪半徑。本法仍之。定本輪心起本天冬至右旋爲平行度，增一負均輪之圈。其半徑爲新本輪半徑，加一次輪半徑之數。其心同本輪之心。本輪負而行，不自行，移均輪心從最高左旋，行於此圈之周，爲自行引數。第谷又將次輪設於地心，而增次均輪。本法易之，定次輪心行均輪周，從最近右旋爲倍引數，其半徑爲本天半徑千萬分之二十一萬七千。次均輪心行次輪周，起於朔望，從次輪最近地心點右旋，行太陰距太陽之倍度爲倍離，其半徑爲本天半徑千萬分之一十一萬七千五百。太陰行次均輪之周，從次均輪最下左旋，亦行倍離。如圖甲爲地心，卽本天心，乙丙丁爲本天之一弧，丙甲爲半徑，戊爲半輪最高，癸爲最卑，酉爲負圈最高，丑爲最卑，壬爲均輪最遠，辛爲最近，寅爲次輪最遠，亥爲最近，土爲次均輪最上，木爲最下，卽均輪心在最高又當朔望之象。又圖太陰在戌，是均輪既左旋，又當朔望之象。其得次輪、次均輪半徑於上下弦，當自行三宮或九宮時累測之，得極

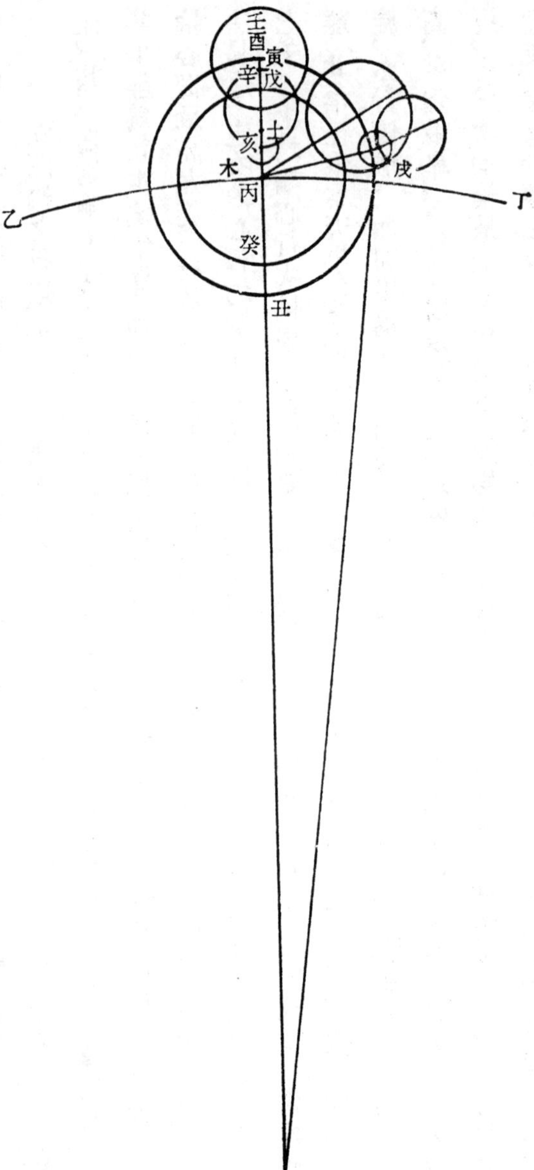

大均數七度二十五分四十六秒。其切線一百三十萬四千，內減本輪均輪幷半徑，餘半之，卽次輪半徑。於兩弦及朔望之間，當自行三宮或九宮時累測之，均數常與推算不合，差至四十一分零二秒，依法求其半徑，得次均輪半徑。

一，以兩月食定交周。順治十三年十一月庚申望子正後十八時四十四分十五秒，月食十五分四十七秒，在黃道南，日纏星紀宮十度三十九分，在最卑後三度四十九分，月自行爲三宮二十七度四十六分。康熙十三年十二月丙午望子正後三時二十三分二十六秒，月食十五分五十秒，在黃道南，日纏星紀宮二十一度五十二分，在最卑後十四度二十一分，月自行爲三宮二十五度二十四分。相距中積二百二十三月。用西人依巴谷朔策定數五千四百五十八爲一率，交終定數五千九百二十三爲二率，二百二十三月爲三率，得四率二百四十一又五千四百五十八分之五千四百五十一，爲兩次月食相距之交終數。又以兩次月食相距中積六千五百八十五日零八時三十九分十秒，與每日太陰平行經度相乘，以交終數除之，得一百二十九萬零八百一十二秒小餘八七九五九八，爲每一交行度。與周天秒數相減，餘五千一百八十七秒小餘一二〇四〇二，爲每一交退行度。又以交終數除兩次月食相距中積日分，得二十七日二一二二三三，爲交周日分。乃以交周日分除每一交退行度，得三分十秒三十七微，爲兩交每日退行度。與太陰每日平行相加，得十三度十三分四十五秒三十八微，爲太陰每日距交行。因兩次月自行差二度半，食分差三秒，故比依巴谷所定距交行差一微，仍用依巴谷所定數。

一，求黃白大距度及交均以定交行。於月離黃道鶉首宮初度，又在黃道北距交適足九十度時，俟至子午線上測之，得地平高度，減去赤道高及黃赤距緯度。一在朔望時，得大距四度五十八分三十秒；一在上下弦時，得大距五度一十七分三十秒，以之立法。如圖甲爲黃極，乙丙丁戊爲黃道，用兩距度相加折半，爲黃白大距之中數，爲半徑如巳甲，作本輪如巳庚辛壬。又取兩距度相減折半爲半徑如巳癸，作均輪如癸子丑寅。其心循本輪左旋，每日行三分十秒有餘。白道極循均輪，起最近，左旋，行倍離之度。行至癸，則大距爲乙卯；行至丑，則

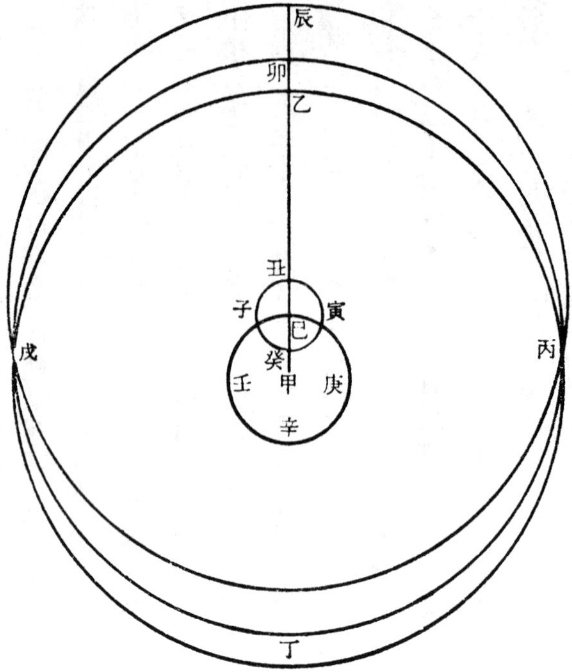

大距爲乙辰。行子丑寅之半交行疾，行寅癸子之半交行遲。

一，求地半徑差如太陽。暢春園測得太陰高六十二度四十分五十一秒四十三微，同時

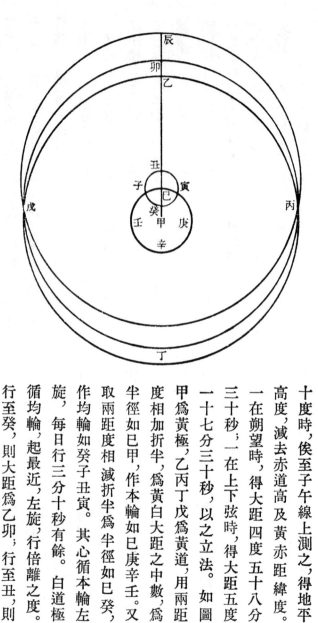

於廣東廣州府測得太陰高七十九度四十七分二十六秒一十二微，於時月自行三宮初度，月距日一百八十度，以之立法，用平三角形推得地半徑與太陰在中距時距地心之比例，爲一與五十六又百分之七十二。依此法於月自行初宮初度月距日九十度時測之，求得地半徑與太陰在最高時距地心之比例，爲一與六十一又百分之九十八。又於月自行六宮初度月距日九十度時測之，求得地半徑與太陰在最卑時距地心之比例，爲一與五十三又百分之七十一。復用平三角形逐度皆推得地半徑差。

一，考隱見遲疾以辨朓朒。一驗在春分前後各三宮，黃道斜升而正降，日入時月在地平上高，朔後疾見，在秋分前後各三宮，黃道正升而斜降，日入時月在地平上低，朔後遲見，晦前隱遲、隱早反是。一驗距黃道北，見早隱遲，距黃道南反是。一驗視行遲，隱見俱遲；視行早，隱見俱早。

交食立法之原：

一，求日月視徑以定食分淺深。用正表、倒表，各取日中之影，求其高度。兩高度之較以爲太陽視徑。數年精測，得太陽最高之徑爲二十九分五十九秒，最卑之徑爲三十一分零五秒。用牆爲表，以其西界當正午線，人在表北，依不動之處，候太陰之西周切於正午線，看時辰表時刻；俟太陰體過完，其東周纔離正午綫，復看時辰表時刻；與前相減，變度以爲太陰視徑。數年精測，得太陰最高之徑爲三十一分四十七秒，最卑之徑爲三十三分四十二秒。

一，求地影半徑以定光分。地半徑與太陽太陰距地心既得比例，日月視徑又得眞數，太陽、太陰自高至卑視徑地半徑與太陽、太陰實徑比例。日食，人在地面見與不見。月食，太陽照地背成黑影，太陽大而地小，故成錐形。太陽有高卑，故地影有長短廣狹；太陰有高卑，故入影有淺深；皆可預推而以立法。地影半徑常大於實測，康熙五十六年八月戊戌月食，其實引爲二宮三度四十一分零三秒，距地心五十七地半徑零百分之四十一。測得緯度在黃道北三十六分十八秒，月半徑爲十六分十秒，食分爲二十三分三十秒，乃以黃緯求得白道緯爲食甚，距緯與食分相加，內減月半徑，餘四十三分四十六秒，爲地影半徑。若依推算，太陽在最高，太陰在中距，地影半徑應得四十八分三十四秒，以實測之數率之，應得四十四分四十三秒，所差三分五十一秒。因驗得太陽光芒溢於原體之外，能侵削地影。以實測比算，定太陽之光分爲地半徑之六倍又百分之三十七。如圖甲爲地心，戊己爲地徑，乙丁爲太陽所照影，末當至於庚。辛壬爲溢出光分侵削影，末漸次狹小，至於丑而已盡。

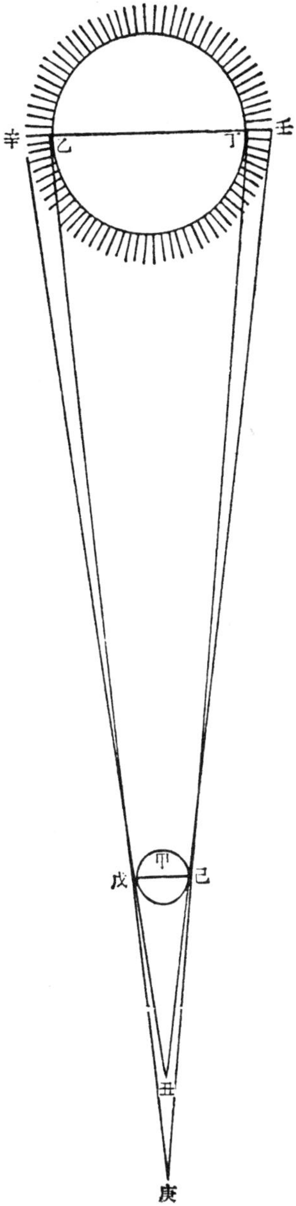

五星行立法之原：

一，求土星平行度。古測定二萬一千五百五十一日又十分日之三，距恆星之度分等，距太陽之遠近又等。土星行次輪會日、衝日各五十七次。置中積日分爲實，星行次輪周數五十七爲法，除之得周率。乃以每周三百六十度爲實，周率除之，爲每日距太陽之行。與太陽每日平行相減，得土星每日平行。本法仍之。

一，用三次衝日求土星本輪、均輪半徑及最高以定盈縮。明萬曆間，西人第谷測土星三次衝日。如第一次日躔娵訾宮一度零三分二十七秒，土星在鶉尾宮度分秒同；第二次日躔娵訾宮二十一度四十七分三十九秒，土星在鶉尾宮度分秒同；第三次日躔降婁宮一十六度五十一分二十八秒，土星在壽星宮度分秒同。第一次距第二次一萬一千三百四十三日五時三十六分，其實行相距二十度四十四分十二秒，平行相距十九度五十九分五十四秒；第二次距第三次七百五十五日二十時三十一分，實行相距二十五度零三分四十九秒，平行相距二十五度十九分十六秒。用不同心圈取平三角形，推得兩心差，爲本天半徑千萬分之一百一十六萬二千，析爲本輪半徑八十六萬五千五百八十七，均輪半徑二十九萬六千四百一十三。又推得萬曆十八年最高在析木宮二十六度二十分二十七秒，每年最高行一分二十秒一十二微。本法仍之。

一，求土星次輪半徑以定順逆。西人第谷測得次輪半徑爲本天半徑千萬分之一百零四萬二千六百。本法仍之。定本輪心從本天冬至右旋爲平行度，均輪心從本輪最高左旋爲自行引數，次輪心從均輪最近右旋爲倍引數，星從次輪最遠右旋，行本輪心距太陽之度。本輪、均輪之面與本天平行，次輪之面與黃道平行。如圖甲爲地心，卽本天心，乙丙丁爲本天之一弧，丙甲爲半徑，戊爲本輪最高，己爲最卑，庚爲均輪最遠，辛爲最近，壬爲次輪最遠，癸爲最近。

一，求木星平行度。古測定二萬五千九百二十七日又千分日之六百一十七，木星行次輪會日衝日皆六十五次。置中積日分爲實，星行次輪周數六十五爲法，除之得周率。以每

周三百六十度爲實，周率除之，得每日木星距太陽之行。與每日太陽平行相減，爲每日木星平行度。本法仍之。

一，用三次衝日求木星本輪、均輪半徑及最高以定盈縮。明萬曆間，西人第谷測木星三次衝日，如第一次日躔鶉尾宮七度三十一分四十九秒，木星在娵訾宮度分秒同；第二次日躔大火宮二十度五十六分，木星在大梁宮度分同；第三次日躔析木宮二十五度五十二分二十七秒，木星在實沈宮度分秒同。第一次距第二次八百零四日一十五時三十五分，實行相距七十三度二十四分十一秒，平行相距六十六度五十三分二十秒；第二次距第三次三百九十九日一十四時四十四分，實行相距三十四度五十六分二十七秒，平行相距三十三度十三分零八秒。用不同心圈取平三角形，推得兩心差，爲本天半徑千萬分之九十五萬三千三百，析爲本輪半徑七十萬五千三百二十，均輪半徑二十四萬七千九百八十。又推得萬曆二十八年最高在壽星宮八度四十分，每年最高行五十七秒五十二微。本法仍之。

一，求木星次輪半徑以定順逆。西人第谷測得木星次輪半徑爲本天半徑千萬分之一百九十二萬九千四百八十。本法仍之。定諸輪左右旋起數及輪面如土星。

一，求火星平行度。古測定二萬八千八百五十七日又千分日之八百八十三，火星行次輪會日衝日各三十七次。置中積日分爲實，星行次輪周數三十七爲法，除之得周率。以每周三百六十度爲實，周率除之，得每日火星距太陽之行，與每日太陽平行相減，爲每日火星平行度。本法仍之。

一，用三次衝日求火星本輪、均輪半徑及最高以定盈縮。明萬曆間西人第谷測火星三次衝日，如第一次日躔元枵宮一十八度五十八分三十八秒，火星在鶉火宮度分秒同；第二次日躔娵訾宮二十三度二十二分，火星在鶉尾宮度分同；第三次日躔大梁宮一度，火星在大火宮度同。第一次距第二次七百六十四日一十二時三十二分，實行相距三十四度二十三分二十二秒，平行相距四十度三十九分二十五秒；第二次距第三次七百六十八日一十八時，實行相距三十七度三十八分，平行相距四十二度五十二分三十五秒。用不同心圈取平三角形，推得兩心差，爲本天半徑千萬分之一百八十五萬五千，析爲本輪半徑一百四十八萬四千，均輪半徑三十七萬一千。又推得萬曆二十八年最高在鶉火宮二十八度五十九分二十四秒，每年最高行一分零七秒。本法仍之。

一，求火星次輪半徑以定順逆。西人第谷累年密測，於太陽、火星同在最卑時，測得次輪最小之半徑，爲本天半徑千萬分之六百三十萬二千七百五十；又於太陽在最卑火星在最高時，測得次輪半徑六百五十六萬一千二百五十；與最小半徑相較，爲本天高卑之大差。又於火星在最卑、太陽在最高時，測得次輪半徑六百五十三萬七千七百五十，與最小半徑相較，爲太陽高卑之大差。乃用比例求得火星逐時次輪半徑。本法仍之。定諸輪左、右旋起數及輪面如土、木星。

一，求金星平行度。古測定二千九百一十九日又千分日之六百六十七，金星行次輪會日退合日各五次。置中積日分爲實，星行次輪周數五爲法，除之得周率。以每周三百六十度爲實，周率除之，得每日金星在次輪周平行，一名伏見行。其本輪心平行，卽太陽平行。本法仍之。

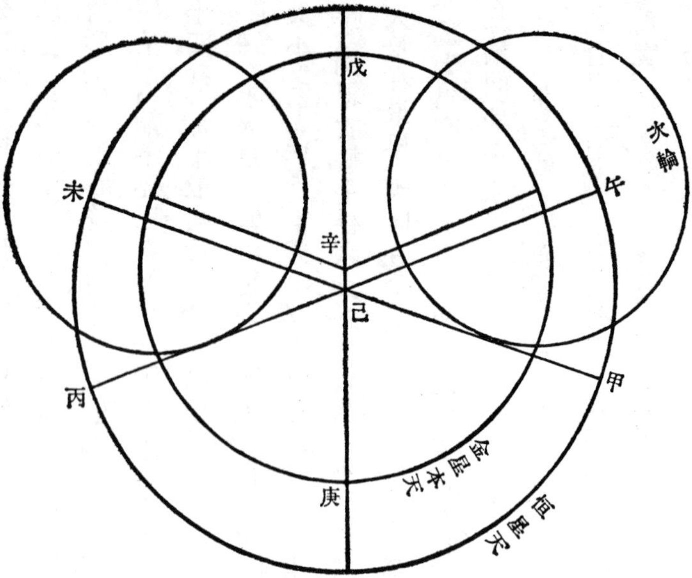

一，求金星最高及本輪均輪半徑以定盈縮。明萬曆十三年，西人第谷於晨夕時，逐日累測金星，得距太陽極遠度，晨夕相等，定兩平行距高卑、左右度亦等。以兩平行宮度相加折半，卽最高或最卑線所當宮度。又擇晨夕時距太陽極遠度相較，定小度爲近最高，大度爲近最卑。測得最高在實沈宮二十九度一十六分三十九秒，每年最高行一分二十二秒五十七微。又用兩測擇平行度，一當最高，一當最卑。距太陽極遠者，用平三角形及轉比例，推得兩心差爲本天半徑千萬分之三十二萬零八百一十四，析爲本輪半徑二十三萬一千九百六十二，均輪半徑八萬八千八百五十二。本法仍之。如圖己爲地心，辛己爲兩心差，戊爲最高，庚爲最卑，午未爲金星平行，卽太陽平行，甲丙爲金星實行。又圖戊庚爲平行，亥角爲實行。

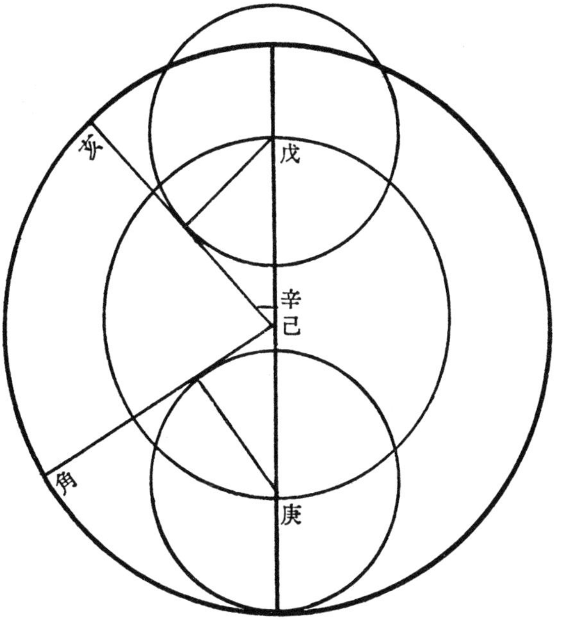

一，求金星次輪半徑以定順逆。西人第谷測得金星次輪半徑爲本天半徑千萬分之七

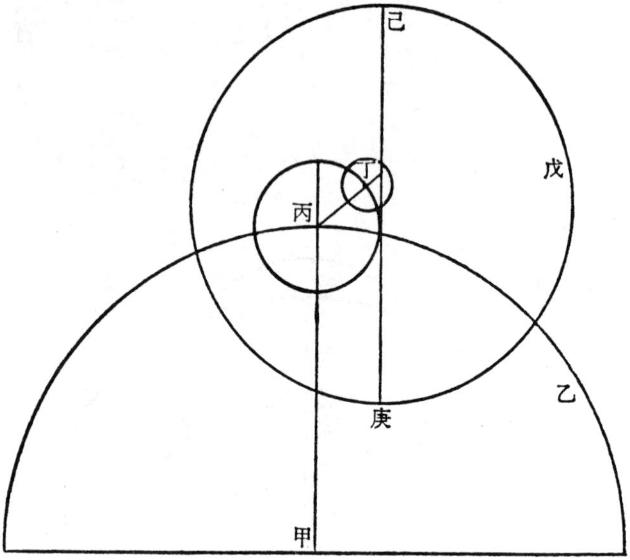

百二十二萬四千八百五十。本法仍之。定本輪心行卽太陽平行，均輪心從本輪最高左旋，爲自行引數；次輪心從均輪最近右旋，爲倍引數。星從次輪平遠右旋行伏見度。取金星次輪徑線不與地心參直，與本輪高卑線平行，徑線遠地心之端爲平遠，近地心之端爲平近，與太陰次輪均輪徑線平行者同。本輪、均輪面與黃道平行，次輪面有交角。如圖甲爲地心，乙爲本天半周，丙爲本輪，丁爲均輪，戊爲次輪，己爲平遠，庚爲平近。

一，求水星平行度。古測定一萬六千八百零二日又十分日之四，水星行次輪會日退合日一百四十五次。置中積日分爲實，星行次輪周數一百四十五爲法，除之得周率。以每周三百六十度爲實，周率除之，得每日水星伏見行。其本輪心平行如金星。本法仍之。

一，求水星最高及本輪、均輪半徑以定盈縮。明萬曆十三年，西人第谷如測金星法，測得水星最高在析木宮初度一十分一十七秒，每年最高行一分四十五秒一十四微。定兩心差爲本天半徑千萬分之六十八萬二千一百五十五，析爲本輪半徑五十六萬七千五百二十三，均輪半徑一十一萬四千六百三十二。本法仍之。

一，求水星次輪半徑以定順逆。西人第谷測得水星次輪半徑爲本天半徑千萬分之三百八十五萬。本法仍之。定本輪心平行卽太陽平行，均輪心從本輪最高左旋，爲自行引數；次輪心從均輪最遠右旋，爲三倍引數。星從次輪平遠右旋行伏見度。諸輪之面，與金星同。

一，求五星與黃道交角及交行所在以定距緯。新法算書載崇禎元年天正冬至，次日子正，土星正交在鶉首宮二十度四十一分五十二秒，中交在星紀宮二十度四十一分五十二秒，每年交行四十一秒五十三微，本天與黃道交角二度三十一分。木星正交在鶉首宮七度零九分零八秒，中交在星紀宮七度零九分零八秒，每年交行一十三秒三十六微，本天與黃道交角一度一十九分四十秒。火星正交在大梁宮一十七度零二分二十九秒，中交在大火宮一十七度零二分二十九秒，每年交行五十二秒五十七微，本天與黃道交角一度五十分。金星正交恆距最高前十六度，在實沈宮一十四度一十六分零六秒，中交在析木宮一十四度一十六分零六秒，每年交行一分二十二秒五十七微，次輪面交黃道之角三度二十九分。水星正交恆與最卑同在實沈宮一度二十五分四十二秒，中交在析木宮一度二十五分四十二秒，每年交行一分四十五秒一十四微。次輪心在正交當黃道北之角五度零五分十秒，當黃道南之角六度三十一分零二秒；次輪心在中交當黃道北之角六度一十六分五十秒，當黃道南之角四度五十五分三十二秒；次輪心在兩交之中交角皆五度四十分。凡五星交行皆順行。本法仍之。

一，求伏見限。西人多錄某測得金星當地平，太陽在地平下五度；木星水星當地平，太陽在地平下十度；土星當地平，太陽在地平下十一度；火星當地平，太陽在地平下十一度三十分；爲星見之限。本法仍之。

一，求平行所在。新法算書載崇禎元年天正冬至，次日子正，土星平行距冬至八宮二十八度零八分二十七秒，木星十一宮一十八度五十一分五十一秒，火星五宮零四度四十五分三十秒，金、水同太陽。本法仍之。

一，求地半徑差。測得地半徑與土星距地心之比例，爲一與一萬零九百五十三。與木星距地心之比例，爲一與五千九百一十八。與火星在最高距地心之比例，爲一與三千一百二十三；在中距之比例，爲一與一千七百四十四；在最卑之比例，爲一與四百一十。與金星在最高距地心之比例，爲一與一千九百八十三；在最卑之比例，爲一與三百零一；中距與太陽同。與水星在最高距地心之比例，爲一與一千六百三十三；在最卑之比例，爲一與六百五十一；中距與太陽同。土、木二星極遠、高、卑細數不計。用平三角形各推得地半徑差。

恆星立法之原：

一，求各星見行所在。康熙十三年，測定恆星經緯度，以十一年壬子列表。

一，求東行度。明萬曆間，西人第谷殫精推測，定恆星循黃道每年東行五十一秒。本法仍之。

清史稿卷四十八

志二十三

時憲四

康熙甲子元法中

日躔用數

康熙二十三年甲子天正冬至爲法元。癸亥年十一月冬至。

周天三百六十度。平分之爲半周，四分之爲象限，十二分之爲宮，每度六十分，秒微纖以下皆以六十遞析。

周天入算，化作一百二十九萬六千秒。

周日一萬分。時則二十四，刻則九十六，刻下分則一千四百四十，秒則八萬六千四百。

周歲三百六十五日二四二一八七五。

紀法六十。

宿法二十八。

太陽每日平行三千五百四十八秒，小餘三三〇五一六九。

最卑歲行六十一秒，小餘一六六六六。

最卑日行十分秒之一又六七四六九。

本天半徑一千萬。

本輪半徑二十六萬八千八百一十二。

均輪半徑八萬九千六百零四。

宿度見天文志。

歲差五十一秒。

各省及蒙古北極高度、東西偏度、見天文志。

黃赤大距，二十三度二十九分三十秒。

最卑應，七度十分十一秒十微。

氣應，七日六五六三七四九二六。

宿應，五日六五六三七四九二六。

日干，甲、乙、丙、丁、戊、己、庚、辛、壬、癸。

支，子、丑、寅、卯、辰、巳、午、未、申、酉、戌、亥。

宿名，角、亢、氐、房、心、尾、箕、斗、牛、女、虛、危、室、壁、奎、婁、胃、昴、畢、參、觜、井、鬼、柳、星、張、翼、軫。

時名，從十二支各分初、正。起子正，盡夜子初。

推日躔法　求天正冬至，置周歲，以距元年數減一得積年乘之，得中積分，加氣應得通積分，上考往古，則減氣應得通積分。其日滿紀法去之，餘爲天正冬至日分。上考往古，則以所餘轉與紀法相減，餘爲天正冬至日分。自初日起甲子，其小餘以刻下分通之，如法收爲時刻。周日一萬分爲一率，小餘爲二率，刻下分爲三率，求得四率爲時分。滿六十分收爲一時，十五分收爲一刻。初時起子正，中積分加宿應，滿宿法去之，爲天正冬至值宿日分，初日起角宿。

求平行，以周日爲一率，太陽每日平行爲二率，天正冬至小餘與周日相減餘爲三率，求得四率爲年根秒數。又置太陽每日平行，以本日距冬至次日數乘之，得數爲秒。與年根相併，以宮度分收之，得平行。

求實行，置最卑歲行，以積年乘之。又置最卑日行，以距冬至次日數乘之。兩數相併，加最卑應，上考則減最卑應。以減平行爲引數。用平三角形，以本輪半徑三分之二爲對正角之邊，以引數爲一角，求得對角之邊倍之。又求得對又一角之邊，與本天半徑相加減。引數三宮至八宮則相加，九宮至二宮則相減。復用平三角形，以加倍之數爲小邊，加減本天半徑之數爲大邊，正角在兩邊之中，求得對小邊之角爲均數。置平行以均數加減之，引數初宮至五宮爲加，六宮至十一宮爲減。得實行。求宿度，以積年乘歲差，得數加甲子法元黃道宿度，爲本年宿鈐，以減實行，餘爲日躔宿度。若實行不及減宿鈐，退一宿減之。

求紀日值宿，置距冬至次日數，加冬至，日滿紀法去之。初日起甲子，加冬至值宿，日滿宿法去之。初日起角宿，得紀日值宿。

求節氣時刻，日躔初宮丑，星紀。初度爲冬至，十五度爲小寒。一宮子，元枵。初度爲大寒，十五度爲立春。二宮亥，娵訾。初度爲雨水，十五度爲驚蟄。三宮戌，降婁。初度爲春分，十五度爲清明。四宮酉，大梁。初度爲穀雨，十五度爲立夏。五宮申，實沈。初度爲小滿，十五度爲芒種。六宮未，鶉首。初度爲夏至，十五度爲小暑。七宮午，鶉火。初度爲大暑，十五度爲立秋。八宮巳，鶉尾。初度爲處暑，十五度爲白露。九宮辰，壽星。初度爲秋分，十五度爲寒露。十宮卯，大火。初度爲霜降，十五度爲立冬。十一宮寅，析木。初度爲小雪，十五度爲大雪。皆以子正日躔未交節氣宮度者，爲交節氣本日；已過節氣宮度者，爲交節氣次日。乃以本日實行與次日實行相減爲一率，每日刻下分爲二率，本日子正實行與節氣宮度相減爲三率，求得四率爲距子正後之分數，乃以時刻收之，卽得節氣初正時刻。如實行適與節氣宮度相符而無餘分，卽爲子正初刻。求各省節氣時刻，皆以京師爲主，視偏度加減之。每偏一度，加減時之四分。偏東則加，偏西則減。推節氣用時法，以交節氣本日均數變時爲均數時差，反其加減。又以半徑爲一率，黃赤大距餘弦爲二率，本節氣黃道度正切爲三率，求得四率爲赤道正切。檢表得度，與黃道相減，餘變時爲升度時差。二分後爲加，二至後爲減。皆加減節氣時刻，爲節氣用時。求距緯度，以本天半徑爲一率，黃赤大距度之正弦爲二率，實行距春秋分前後度之正弦爲三率，實行初宮初度至二宮末度，與三宮相減，餘爲春分前；三宮初度至五宮末度，則減去三宮，爲春分後。六宮初度至八宮末度，與九宮相減，餘爲秋分前；九宮初度至十一宮末度，則減去九宮，爲秋分後。求得四率爲正弦，檢表得距緯度。實行三宮至八宮，其緯在赤道北；九宮至二宮，其緯在赤道南。

求日出入晝夜時刻，以本天半徑爲一率，北極高度之正切爲二率，本日距緯度之正切爲三率，求得四率爲正弦，檢表得日出入在卯酉前後赤道度。變時，一度變時之四分，凡言變時皆倣此。爲距卯酉分。以加減卯酉時，卽得日出入時刻。春分前、秋分後，以加卯正爲日出，減酉正爲日入。春分後、秋分前，以減卯正爲日出，加酉正爲日入。又倍距卯酉分，以加減半晝分，得晝夜時刻。春分後以加得晝刻，以減得夜刻，秋分後反是。

月離用數

太陰每日平行四萬七千四百三十五秒，小餘〇二一一七七。

太陰每時四刻。平行一千九百七十六秒，小餘四五九二一五七。

月孛即最高，每日行四百〇一秒，小餘〇七七四七七。

正交每日平行一百九十秒，小餘六四。

本輪半徑五十八萬。

均輪半徑二十九萬。

負圈半徑七十九萬七千。

次輪半徑二十一萬七千。

次均輪半徑一十一萬七千五百。

朔、望黃白大距四度五十八分三十秒。

兩弦黃白大距五度一十七分三十秒。

黃白大距中數五度〇八分。

黃白大距半較九分三十秒。

太陰平行應一宮〇八度四十分五十七秒十六微。
月孛應三宮〇四度四十九分五十四秒〇九微。
正交應六宮二十七度十三分三十七秒四十八微。

推月離法　求天正冬至，同日躔。

求太陰平行，置中積分，加氣應詳日躔。小餘，不用日，下同。減天正冬至小餘，得積日。上考則減氣應小餘，加天正冬至小餘。與太陰每日平行相乘，滿周天秒數去之，餘數收爲宮度分。以加太陰平行應，得太陰年根。上考則減。又置太陰每日平行，以距天正冬至次日數乘之，得數爲秒。以宮度分收之，與年根相併，滿十二宮去之。爲太陰平行。

求月孛行，以積日見前條，下同。與月孛每日行相乘，滿周天秒數去之，餘數收爲宮度分。以加月孛應，得月孛年根。上考則減。又置月孛每日行以距天正冬至次日數乘之，得數爲秒，以宮度分收之，與年根相併，滿十二宮去之。爲月孛行。

求正交平行，以積日與正交每日平行相乘，滿周天秒數去之，餘數收爲宮度分，以減正交應，正交應不足減者，加十二宮減之。得正交年根。上考則加。又置正交每日平行，以距天正冬至次日數乘之，得數爲秒，以宮度分收之，以減年根，年根不足減者，加十二宮減之。爲正交平行。

求用時太陰平行，以本日太陽均數變時，詳日躔。得均數時差。均數加者，時差爲減；均數減者，時差爲加。又以本日太陽黃、赤經度詳日躔。相減餘數變時，得升度時差。二分後爲加，二至後爲減。乃以兩時差相加減，爲時差總。兩時差加減同號者，則相加爲總，加者仍爲加，減者仍爲減。加減異號者，則相減爲總，加數大者爲加，減數大者爲減。化秒，與太陰每時平行相乘爲實，以一度化秒爲法除之，得數爲秒，以度分收之，得時差行。以加減太陰平行，時差總爲加者則減，減者則加。爲用時太陰平行。

求初實行，置用時太陰平行，減去月孛行，得引數。用平三角形，以本輪半徑之半爲對正角之邊，以引數爲一角，求得對角之邊三因之。又求得對又一角之邊，與本天半徑相加減。引數九宮至二宮相加，三宮至八宮相減。復用平三角形，以三因數爲小邊，加減本天半徑數爲大邊，正角在兩邊之中，求得對小邊之角爲初均數，并求得對正角之邊。卽次輪最近點距地心之線。乃置用時太陰平行，以初均數加減之，引數初宮至五宮爲減，六宮以後爲加。爲初實行。

求白道實行，置初實行，減本日太陽實行得次引。卽距日度。用平三角形，以次輪最近點距地心線爲一邊，倍次引之通弦本天半徑爲一率，次引之正弦爲二率，次輪半徑爲三率，求得四率倍之卽通弦。爲一邊；以初均數與引數減半周之度引數不及半周，則與半周相減，如過半周，則減去半周。相加，又以次引距象限度次引不及象限，則與象限相減；如過象限及過三象限，則減去象限及三象限，用其餘；如過二象限，則減去二象限，餘數仍與象限相減，爲次引距象限度。加減之，初均數減者，次引過象限或過三象限則相加，不過象限或過二象限則相減。初均數加者反是。爲所夾之角，若相加過半周，則與全周相減，用其餘爲所夾之角。若相加適足半周或相減無餘，則無二均數。若次引爲初度，或適足半周，亦無二均數。求得對通弦之角爲二均數，如無初均數，以次輪心距地心爲一邊，次輪半徑爲一邊；次引倍數爲所夾之角，次引過半周者，與全周相減，用其餘；在最高爲所夾之內角，在最卑爲所夾之外角，求得對次輪半徑之角爲二均數。隨定其加減號。以初均數與均輪心距最卑之度相加，爲加減泛限。泛限適足九十度，則二均加減與初均同。如泛限不足九十度，則與九十度相減，餘數倍之，爲加減定限。初均減者，以次引倍度；初均加者，以次引倍度減全周之餘數，皆與定限較。如泛限過九十度者，減去九十度，餘數倍之，爲加減定限。初均加者，以次引倍度；初均減者，以次引倍度減全周之餘數，皆與定限較。並以大於定限，則二均之加減與初均同；小於定限者反是。幷求得對角之邊，爲次均輪心距地心線。又以此線及次引，用平三角形，以次均輪心距地爲一邊，次均輪半徑爲一邊，次引倍度爲所夾之角，次引過半周者，與全周相減，用其餘。求得對次均輪半徑之角爲三均數，隨定其加減號。次引倍度不及半周爲加，過半周爲減。乃以二均數與三均數相加減，爲二三均數。兩均數同號則相加，異號則相減。以加減初實行，兩均數同爲加者仍爲加，同爲減者仍爲減。一爲加一爲減者，加數大爲加，減數大爲減。爲白道實行。

求黃道實行，用弧三角形，以黃白大距中數爲一邊，大距半較爲一邊，次引倍度爲所夾之角，次引過半周與全周相減，用其餘。求得對角之邊爲黃白大距，並求得對半較之角爲交均。以交均加減正交平行，次引倍度不及半周爲減，過半周爲加。得正交實行。又加減六宮爲中交實行，置白道實行，減正交實行，得距交實行。以本天半徑爲一率，黃白大距之餘弦爲二率，距交實行之正切爲三率，求得四率爲黃道之正切。檢表得度分，與距交實行相減，餘爲升度差，以加減白道實行，距交實行不過象限，或過二象限爲減，過象限及過三象限爲加。爲黃道實行。

求黃道緯度，以本天半徑爲一率，黃白大距之正弦爲二率，距交實行之正弦爲三率，求得四率爲正弦。檢表得黃道緯度，距交實行初宮至五宮爲黃道北，六宮至十一宮爲黃道南。

求四種宿度，依日躔求宿度法，求得本年黃道宿鈐。以黃道實行、月孛行及正交、中交實行各度分視其足減宿鈐內某宿則減之，餘爲四種宿度。

求紀日值宿，同日躔。

求交宮時刻，以太陰本日實行與次日實行相減未過宮爲本日，已過宮爲次日。餘爲一率，刻下分爲二率，太陰本日實行不用宮。與三十度相減餘爲三率，求得四率爲距子正分數。如法收之，得交宮時刻。

求太陰出入時刻，以本日太陽黃道經度求其相當赤道經度。又用弧三角形，以太陰距黃極爲一邊，黃極距北極爲一邊，卽黃赤大距。太陰距冬至黃道經度爲所夾之外角，過半周者與全周相減，用其餘。求得對邊爲太陰距北極度。與九十度相減，得赤道緯度。不及九十度者，與九十度相減，餘爲北緯。過九十度者，減去九十度，餘爲南緯。又求得近北極之角，爲太陰距冬至赤道經度。乃以本天半徑爲一率，北極高度之正切爲二率，太陰赤道緯度之正切爲三率，求得四率爲正弦。檢表得太陰出入在卯酉前後赤道度，太陰在赤道北，出在卯正前，入在酉正後；太陰在赤道南，出在卯正後，入在酉正前。以加減前減後加。太陰距太陽赤道度，太陰赤道經度內減去太陽赤道經度卽得。得數變時。自卯正酉正後計之，出地自卯正後，入地自酉正後。得何時刻，再加本時太陰行度之時刻，約一小時行三十分，變爲時之二分。卽得太陰出入時刻。

求合朔弦望，太陰實行與太陽實行同宮同度爲合朔限，距三宮爲上弦限，距六宮爲望限，距九宮爲下弦限，皆以太陰未及限度爲本日，已過限度爲次日。乃以太陰、太陽本日實行與次日實行各相減，兩減餘數相較爲一率，刻下分爲二率，本日太陽實行加限度上弦加三宮，望加六宮，下弦加九宮。減本日太陰實行，餘爲三率，求得四率爲距子正之分。如法收之，得合朔弦望時刻。

求正升斜升横升，合朔日，太陰實行自子宮十五度至酉宮十五度爲正升，自酉宮十五度至未宮初度爲斜升，自未宮初度至寅宮十五度爲横升，自寅宮十五度至子宮十五度爲斜升。

求月大小，以前朔後朔相較，日干同者前月大，不同者前月小。

求閏月，以前後兩年有冬至之月爲準。中積十三月者，以無中氣之月，從前月置閏。一歲中兩無中氣者，置在前無中氣之月爲閏。

土星用數

每日平行一百二十秒，小餘六〇二二五五一。

最高日行十分秒之二又一九五八〇三。

正交日行十分秒之一又一四六七二八。

本輪半徑八十六萬五千五百八十七。

均輪半徑二十九萬六千四百一十三。

次輪半徑一百零四萬二千六百。

本道與黃道交角二度三十一分。

土星平行應七宮二十三度十九分四十四秒五十五微。

最高應十一宮二十八度二十六分六秒五微。

正交應六宮二十一度二十分五十七秒二十四微。

木星用數

每日平行二百九十九秒，小餘二八五二九六八。

最高日行十分秒之一叉五八四三三。

正交日行百分秒之三叉七二三五五七。

本輪半徑七十萬五千三百二十。

均輪半徑二十四萬七千九百八十。

次輪半徑一百九十二萬九千四百八十。

本道與黃道交角一度十九分四十秒。

木星平行應八宮九度十三分十三秒十一微。

最高應九宮九度五十一分五十九秒二十七微。

正交應六宮七度二十一分四十九秒三十五微。

火星用數

每日平行一千八百八十六秒，小餘六七〇〇三五八。

最高日行十分秒之一叉八三四三九九。

正交日行十分秒之一又四四九七二三。

本輪半徑一百四十八萬四千。

均輪半徑三十七萬一千。

最小次輪半徑六百三十萬二千七百五十。

本天高卑大差二十五萬八千五百。

太陽高卑大差二十三萬五千。

本道與黃道交角一度五十分。

火星平行應二宮十三度三十九分五十二秒十五微。

最高應八宮初度三十三分十一秒五十四微。

正交應四宮十七度五十一分五十四秒七微，餘見日躔。

推土、木、火星法

求天正冬至，同日躔。

求三星平行，以積日詳月離。與本星每日平行相乘，滿周天秒數去之，餘收爲宮度分，爲積日平行。以加本星平行應，得本星年根。上考則減。又置本星每日平行，以所求距天正冬至次日數乘之，得數與年根相併，得本星平行。

求三星最高行，以積日與本星最高日行相乘，得數以加本星最高應，得最高年根。上考則減。又置本星最高日行，以所求距天正冬至次日數乘之，得數與年根相併，得本星最高行。

求三星正交行，以積日與本星正交日行相乘，得數以加本星正交應，得正交年根。上考則減。又置本星正交日行，以所求距天正冬至次日數乘之，得數與年根相併，得本星正交行。

求三星初實行，置本星平行，減最高行，得引數。用平三角形，以均輪半徑減本輪半徑爲對正角之邊，以引數爲一角，求得對引數角之邊及對又一角之邊。又用平三角形，以對引數角之邊與均輪通弦相加求通弦法，詳月離。爲小邊，以對又一角之邊與本天半徑相加減引數三宮至八宮相減，九宮至二宮相加。爲大邊，正角在兩邊之中，求得對小邊之角爲初均數。並求得對正角之邊爲次輪心距地心線，以初均數加減本星平行，引數初宮至五宮減，六宮至十一宮加。得本星初實行。

求三星本道實行，置本日太陽實行減本星初實行，得次引。卽距日度。用平三角形，以次輪心距地心線爲一邊，次輪半徑爲一邊，惟火星次輪半徑時時不同，求法詳後。次引爲所夾之外角，過半周者與全周相減，用其餘。求得對次輪半徑之角爲次均數，並求得對次引角之邊爲星距地心線。乃以次均數加減初實行，加減與初均相反。得本星本道實行。求火星次輪實半徑，以火星本輪全徑命爲二千萬爲一率，本天高卑大差爲二率，均輪心距最卑之正矢爲三率，引數與半周相減，即均輪心距最卑度。求得四率爲本天高卑差。又以太陽本輪全徑命爲二千萬爲一率，太陽高卑大差爲二率，本日太陽引數之正矢爲三率，引數過半周者與全周相減，用其餘。求得四率爲太陽高卑差。乃置火星最小次輪半徑，以兩高卑差加之，得火星次輪實半徑。

求三星黃道實行，置本星初實行，減本星正交行，得距交實行。次輪心距正交。乃以本天半徑爲一率，本道與黃道交角之餘弦爲二率，距交實行之正切爲三率，求得四率爲正切。檢表得黃道度，與距交實行相減，得升度差，以加減本道實行，距交實行不過象限及過二象限爲減，過象限及過三象限爲加。得本星黃道實行。

求三星視緯，以本天半徑爲一率，本道與黃道交角之正弦爲二率，距交實行之正弦爲三率，求得四率爲正弦，檢表得初緯。又以本天半徑爲一率，初緯之正弦爲二率，次輪心距地心線爲三率，求得四率爲星距黃道線。乃以星距地心線爲一率，星距黃道線爲二率，本天半徑爲三率，求得四率爲正弦。檢表得本星視緯，隨定其南北。距交實行初宮至五宮爲黃道北，六宮至十一宮爲黃道南。

求黃道宿度及紀日，同日躔。

求交宮時刻，同月離。

求三星晨夕伏見定限度，視本星黃道實行與太陽實行同宮同度爲合伏。合伏後距太陽漸遠，爲晨見東方順行。順行漸遲，遲極而退爲留退。初退行距太陽半周爲退衝，退衝之次日爲夕見。退行漸遲，遲極而順爲留順。初順行漸疾復近太陽，以至合伏，爲夕不見。其伏見限度，土星十一度，木星十度，火星十一度半。合伏前後某日，太陽實行與本星實行相距近此限度，卽以本星本日黃道實行，用弧三角形，以赤道地平交角爲所知一角，夕，春分後用內角，秋分後用外角；晨反是。實行距春秋分度爲對邊，黃赤大距爲所知又一角，求得不知之對邊。乃用所知兩邊對所知兩角，求得不知之又一角，夕，秋分後用內角，春分後用外角；晨反是。爲限距地高。乃用弧三角形，有正角，有黃道地平交角，卽限距地高。有本星伏見限度，爲對交角之弧，求得對正角之弧，爲距日黃道度。若星當黃道無距緯，卽爲定限度。又用弧三角形，有正角，有黃道地平交角，以本星距緯爲對交角之弧，求得兩角間之弧，爲加減差。以加減距日黃道度，緯南加，緯北減。得伏見定限度。視本星距太陽度與定限度相近，如在合伏前某日，卽爲某日夕不見；在合伏後某日，卽爲某日晨見。

求三星合伏時刻，視太陽實行將及本星實行，爲合伏本日；已過本星實行，爲合伏次日。求時刻，於太陽一日之實行卽本日次日兩實行之較。內減本星一日之實行爲一率，餘同月離求朔、望。

求三星退衝時刻，視本星黃道實行與太陽實行相距將半周，爲退衝本日；已過半周，爲退衝次日。求時刻之法，以太陽一日之實行與本星一日之實行相加爲一率，餘同前。

求同度時刻，以兩星一日之實行相加減兩星同行則減，一順一逆則加。爲一率，刻下分爲二率，兩星相距爲三率，求得四率爲距子正之分數，以時刻收之卽得。五星並同。

金星用數

每日平行三千五百四十八秒，小餘三三〇五一六九。

最高日行十分秒之二又二七一〇九五。

伏見每日平行二千二百十九秒，小餘四三一一八八六。

本輪半徑二十三萬一千九百六十二。

均輪半徑八萬八千八百五十二。

次輪半徑七百二十二萬四千八百五十。

次輪面與黃道交角三度二十九分。

金星平行應初宮初度二十分十九秒十八微。

最高應六宮一度三十三分三十一秒四微。

伏見應初宮十八度三十八分十三秒六微。

水星用數

每日平行與金星同。

最高日行十分秒之二又八八一一九三。

伏見每日平行一萬一千一百八十四秒，小餘一一六五二四八。

本輪半徑五十六萬七千五百二十三。

均輪半徑一十一萬四千六百三十二。

次輪半徑三百八十五萬。

次輪心在大距，與黃道交角五度四十分。

次輪心在正交，與黃道交角北五度五分十秒，其交角較三十四分五十秒。與大距交角相較，後倣此。南六度三十一分二秒，其交角較五十一分二秒。

次輪心在中交，與黃道交角北六度十六分五十秒，其交角較三十六分五十秒。南四度五十五分三十二秒，其交角較四十四分二十八秒。

水星平行應與金星同。

最高應十一宮三度三分五十四秒五十四微。

伏見應十宮一度十三分十一秒十七微，餘見日躔。

推金、水星法

求天正冬至，同日躔。

求金、水本星平行，同土、木、火星。

求金、水最高行，同土、木、火星。

求金、水伏見平行，同本星平行。

求金、水正交行，置本星最高平行，金星減十六度，水星加減六宮，即得。

求金星初實行，用本星引數求初均數，以加減本星平行，為本星初實行。及求次輪心距地心線，並同土、木、火星。

求水星初實行，用平三角形，以本輪半徑為一邊，均輪半徑為一邊，以引數三倍之為所夾之外角，過半周者與全周相減，用其餘。求其對角之邊，併對均輪半徑之角。又用平三角形，以本天半徑為大邊，以對角之邊為小邊，以對均輪半徑之角與均輪心距最卑度相加減，引數不及半周者，與半周相減；過半周者，減去半周，即均輪心距最卑度。加減之法，視三倍引數不過半周則加，過半周則減。

爲所夾之角，求得對小邊之角爲初均數，並求得對角之邊爲次輪心距地心線。以初均數加減水星平行，引數初宮至五宮爲減，六宮至十一宮爲加。得水星初實行。

求金、水伏見實行，置本星伏見平行，加減本星初均數，引數初宮至五宮爲加，六宮至十一宮爲減。卽得。

求金、水黃道實行，用平三角形，以本星次輪心距地心線爲一邊，本星次輪半徑爲一邊，本星伏見實行爲所夾之外角，過半周者與全周相減，用其餘。求得對次輪半徑之角爲次均數，並求得對角之邊爲本星距地心線。以次均數加減初實行，伏見實行初宮至五宮爲加，六宮至十一宮爲減。得本星黃道實行。

求金、水距次交實行，置本星初實行，減本星正交行，爲距交實行。與本星伏見實行相加，得本星距次交實行。

求金、水視緯，以本天半徑爲一率，本星次輪與黃道交角之正弦爲二率，金星交角惟一，水星交角則時時不同，須求實交角用之，法詳後。本星距次交實行之正弦爲三率，求得四率爲正弦，檢表得本星次緯。又以本天半徑爲一率，本星次緯之正弦爲二率，本星次輪半徑爲三率，求得四率爲本星距黃道線。乃以本星距地心線爲一率，本星距黃道線爲二率，本天半徑爲三率，求得四率爲正弦，檢表得本星視緯，隨定其南北。初宮至五宮爲黃道北，六宮至十一宮爲黃道南。

求水星實交角，以半徑一千萬爲一率，交角較化秒爲二率，距交實行九宮至二宮用正交交角較，三宮至八宮用中交交角較，仍視其南北用之。距交實行之正弦爲三率，求得四率爲交角差。置交角，用交角之法與用交角較同。以交角差加減之，距交實行九宮至二宮，星在黃道北則加，南則減；三宮至八宮反是。得實交角。

求黃道宿度及紀日，同日躔。

求交宮時刻，同月離。

求金、水晨夕伏見定限度，本星實行與太陽實行同宮同度爲合伏，合伏後距太陽漸遠；夕見西方順行，順行漸遲，遲極而退爲留退。初退行漸近太陽，則夕不見，復與太陽同度爲合退伏。自是又漸遠太陽，晨見東方。仍退行漸遲，遲極而順爲留順。初順行漸疾，復近太陽，以至合伏，爲晨不見。其伏見限度，金星爲五度，水星爲十度。其求定限度之法，與土、木、火星同，視本星距太陽度與定限相近。如在合伏前某日，即爲某日晨不見；合伏後某日，即爲某日夕見；合退伏前某日，即爲某日夕不見；合退伏後某日，即爲某日晨見。

求金、水合伏時刻，視本星實行將及太陽實行爲合伏本日，已過太陽實行爲合伏次日。求時刻之法，與月離求朔、望時刻之法同。

求金、水合退伏時刻，視太陽實行將及本星實行爲合退伏本日，已過本星實行爲合退伏次日。求時刻之法，與土、木、火星求退衝時刻之法同。

恆星用數

見日躔。

推恆星法　求黃道經度，以距康熙壬子年數減一，得積年歲差，乘之，收爲度分，與康熙壬子年恆星表經度相加，得各恆星本年經度。求赤道經緯度，用弧三角形，以星距黃極爲一邊，黃赤大距爲一邊，本年星距夏至前後爲所夾之角，求得對星距黃極邊之角。夏至前用本度，夏至後與周天相減用其餘度。自星紀宮初度起算，爲各恆星赤道經度。又求得對原角之邊，與象限相減，餘爲赤道緯度。減象限爲北，減去象限爲南。

求中星，以刻下分爲一率，本日太陽實行與次日太陽實行相減餘爲二率，以所設時刻化分爲三率，求得四率，與本日太陽實行相加，得本時太陽黃道經度。用弧三角形，推得太陽赤道經度，以所設時刻變赤道度一時變爲十五度，一分變爲十五分，一秒變爲十五秒。加減半周，不及半周則加半周，過半周則減半周。得本時太陽距午後度。與太陽赤道經度相加，得本時正午赤道經度。視本年恆星赤道經度同者，卽爲中星。

清史稿卷四十九

志二十四

時憲五

康熙甲子元法下

月食用數

朔策二十九日五三〇五九三。

望策十四日七六五二九六五。

太陽平行，朔策一十萬四千七百八十四秒，小餘三〇四三二四。

太陽引數，朔策一十萬四千七百七十九秒，小餘三五八八六五。

太陰引數，朔策九萬二千九百四十秒，小餘二四八五九。

太陰交周，朔策十一萬〇四百十四秒，小餘〇一六五七四。

太陽平行，望策十四度三十三分十二秒〇九微。

太陽引數，望策十四度三十三分〇九秒四十一微。

太陰引數，望策六宮十二度五十四分三十秒〇七微。

太陰交周，望策六宮十五度二十分〇七秒。

太陽一小時平行一百四十七秒，小餘八四七一〇四九。

太陽一小時引數一百四十七秒，小餘八四〇一二七。

太陰一小時引數一千九百五十九秒，小餘七四七六五四二。

太陰一小時交周一千九百八十四秒，小餘四〇二五四九。

月距日一小時平行一千八百二十八秒，小餘六一二一一〇八。

太陽光分半徑六百三十七。

太陰實半徑二十七。

地半徑一百。

太陽最高距地一千〇十七萬九千二百〇八，與地半徑之比例，爲十一萬六千二百。

太陰最高距地一千〇十七萬二千五百，與地半徑之比例，爲五千八百一十六。

朔應二十六日三八五二六六六。
首朔太陽平行應初宮二十六度二十分四十二秒五十七微。
首朔太陽引數應初宮十九度一十分二十七秒二十一微。
首朔太陰引數應九宮十八度三十四分二十六秒十六微。
首朔太陰交周應六宮初度三十分五十五秒十四微，餘見日躔、月離。

推月食法

求天正冬至，同日躔。

求紀日，以天正冬至日數加一日，得紀日。

求首朔，先求得積日同月離。置積日減朔應，得通朔。上考則加。以朔策除之，得數加一爲積朔。餘數轉減朔策爲首朔。上考則除得之數卽積朔，不用加一。餘數卽首朔，不用轉減。

求太陰入食限，置積朔，以太陰交周朔策乘之，滿周天秒數去之，餘爲積朔太陰交周。加首朔太陰交周應，得首朔太陰交周。上考則置首朔交周應減積朔交周。又加太陰交周望策，再以交周朔策遞加十三次，得逐月望太陰平交周。視某月交周入可食之限，卽爲有食之月。交周自五宮十五度〇六分至六宮十四度五十四分，自十一宮十五度〇六分至初宮十四度五十四分，皆可食之限。再於實交周詳之。

求平望，以太陰入食限月數與朔策相乘，加望策，再加首朔日分及紀日，滿紀法去之，餘爲平望日分。自初日起甲子，得平望干支，以刻下分通其小餘，如法收之。初時起子正，得時刻分秒。

求太陽平行，置積朔，加太陰入食限之月數爲通月，以太陽平行朔策乘之，滿周天秒數去之，加首朔太陽平行應，上考則減。又加太陽平行望策，卽得。

求太陽平引，置通月，以太陽引數朔策乘之，去周天秒數，加首朔太陽引數應，上考則減。又加太陽引數望策，卽得。

求太陰平引，置通月，以太陰引數朔策乘之，去周天秒數，加首朔太陰引數應，上考則減。又加太陰引數望策，卽得。

求太陽實引，以太陽平引，依日躔法求得太陽均數，以太陰平引，依月離法求得太陰初均數，兩均數相加減爲距弧。兩均同號相減，異號相加。以月距日一小時平行爲一率，一小時化秒爲二率，距弧化秒爲三率，求得四率爲距時秒，隨定其加減號。兩均同號，日大仍之，日小反之；兩均一加一減，其加減從日。又以一小時化秒爲一率，太陽一小時引數爲二率，距時秒爲三率，求得四率爲秒。以度分收之，爲太陽引弧。依距時加減號。以加減太陽平引，得實引。

求太陰實引，以一小時引數爲二率，距時秒爲三率，求得四率爲秒。以度分收之，爲太陰引弧。以加減太陰平引，得實引。

求實望，以太陽實引復求均數爲日實均，並求得太陽距地心線。即實均第二平三角形對正角之邊。以太陰實引復求均數爲月實均，并求得太陰距地心線。法同太陽。兩均相加減爲實距弧。加減與距弧同。依前求距時法，求得時分爲實距時，以加減平望，加減與距時同。得實望。加滿二十四時，則實望進一日，不足減者，借一日作二十四時減之，則實望退一日。

求實交周，以一小時化秒爲一率，太陰一小時交周爲二率，實距時化秒爲三率，求得四率爲秒，以度分收之，爲交周距弧。以加減太陰交周，依實距時加減號。又以月實均加減之，爲實交周。若實交周入必食之限，爲有食。自五宮十七度四十三分〇五秒至六宮十二度十六分五十五秒，自十一宮十七度四十三分〇五秒至初宮十二度十六分五十五秒，爲必食之限。不入此限者，不必布算。

求太陽黃赤道實經度，以一小時化秒爲一率，太陽一小時平行爲二率，實距時化秒爲三率，求得四率爲秒，以度分收之，爲太陽距弧。依時距時加減號。以加減太陽平行，又以日實均加減之，卽黃道經度。又用弧三角形求得赤道經度。詳月離求太陰出入時刻條。

求實望用時，以日實均變時爲均數時差，以升度差黃赤道經度之較。變時爲升度時差，兩時差相加減爲時差總，加減之法，詳月離求用時平行條。以加減實望，爲實望用時。距日出後日入前九刻以內者，可以見食。九刻以外者全在晝，不必算。

求食甚時刻，以本天半徑爲一率，黃白大距之餘弦爲二率，實交周之正切爲三率，求得四率爲正切，檢表得食甚交周。與實交周相減，爲交周升度差。又以太陰一小時引數與太陰實引相加，依月離求初均法算之，爲後均。以後均與月實均相加減，兩均同號相減，異號相加。兩均得數又與一小時月距日平行相加減，兩均同加，後均大則加，小則減。兩均同減，後均大則減，小則加。一加一減，其加減從後均。爲月距日實行。乃以月距日實行化秒爲一率，一小時化秒爲二率，交周升度差化秒爲三率，求得四率爲秒。以時分收之，得食甚距時。以加減實望用時，實交周初宮六宮爲減，五宮十一宮爲加。爲食甚時刻。

求食甚距緯，以本天半徑爲一率，黃白大距之正弦爲二率，實交周之正弦爲三率，求得四率爲正弦，檢表得食甚距緯。實交周初宮五宮爲北，六宮十一宮爲南。

求太陰半徑，以太陰最高距地爲一率，地半徑比例數爲二率，太陰距地心線內減去次均輪半徑爲三率，求得四率爲太陰距地。又以太陰距地爲一率，太陰實半徑爲二率，本天半徑爲三率，求得四率爲正弦。檢表得太陰半徑。

求地影半徑，以太陽最高距地爲一率，地半徑比例數爲二率，太陽距地心線爲三率，求得四率爲太陽距地。又以太陽光分半徑內減地半徑爲一率，太陽距地爲二率，地半徑爲三率，求得四率爲地影之長。又以地影長爲一率，地半徑爲二率，本天半徑爲三率，求得四率爲正弦，檢表得地影角。又以本天半徑爲一率，地影角之正切爲二率，地影長內減太陰距地爲三率，求得四率爲太陰所入地影之闊。乃以太陰距地爲一率，地影之闊爲二率，本天半徑爲三率，求得四率爲正切，檢表得地影半徑。

求食分，以太陰全徑爲一率，十分爲二率，併徑太陰地影兩半徑相併。內減食甚距緯之較併徑不及減距緯卽不食。爲三率，求得四率卽食分。

求初虧、復圓時刻，以食甚距緯之餘弦爲一率，併徑之餘弦爲二率，半徑千萬爲三率，求得四率爲餘弦，檢表得初虧、復圓距弧。又以月距日實行化秒爲一率，一小時化秒爲二率，初虧、復圓距弧化秒爲三率，求得四率爲秒。以時分收之，爲初虧、復圓距時。以加減食甚時刻，得初虧、復圓時刻。減得初虧，加得復圓。

求食既、生光時刻，以食甚距緯之餘弦爲一率，兩半徑較之餘弦爲二率，半徑千萬爲三率，求得四率爲餘弦，檢表得食既、生光距弧。又以月距日實行化秒爲一率，一小時化秒爲二率，食既、生光距弧化秒爲三率，求得四率爲秒。以時分收之，爲食既、生光距時。以加減食甚時刻，得食既、生光時刻。減得食既，加得生光。

求食限總時，以初虧、復圓距時倍之，卽得。

求太陰黃道經緯度，置太陽黃道經度，加減六宮，過六宮則減去六宮，不及六宮，則加六宮。再加減食甚距弧，又加減黃白升度差，求升度差法，詳月離求黃道實行條。得太陰黃道經度。求緯度，詳月離。

求太陰赤道經緯度，詳月離求太陰出入時刻條。

求宿度，同日躔。

求黃道地平交角，以食甚時刻變赤道度，每時之四分變一度。又於太陽赤道經度內減三宮，不及減者，加十二宮減之。餘爲太陽距春分赤道度。兩數相加，滿全周去之。爲春分距子正赤道度。與半周相減，得春分距午正東西赤道度。過半周者，減去半周，爲午正西。不及半周者，去減半周，爲午正東。春分距午正東西度過象限者，與半周相減，餘爲秋分距午正東西赤道度。秋分距午東西，與春分相反。以春秋分距午正東西度與九十度相減，餘爲春秋分距地平赤道度。乃用爲弧三角形之一邊，以黃赤大距及赤道地平交角卽赤道地平上高度，春分午西、秋分午東者用此。若春分午東、秋分午西者，則以此度與半周相減用其餘。爲邊傍之兩角，求得對邊之角，爲黃道地平交角。春分午西、秋分午東者，則以得數與半周相減，餘爲黃道地平交角。春分午東、秋分午西者，得數卽爲黃道地平交角。

求黃道高弧交角，以黃道地平交角之正弦爲一率，赤道地平交角之正弦爲二率，春秋分距地平赤道度之正弦爲三率，求得四率爲正弦，檢表得春秋分距地平黃道度。又視春秋分在地平上者，以太陰黃道經度與三宮、九宮相減，春分與三宮相減，秋分與九宮相減。餘爲太陰距春秋分黃道度。春秋分宮度大於太陰宮度，爲距春秋分前；反此則在後。又以春秋分距地平黃道度與太陰距春秋分黃道度相加減，爲太陰距地平黃道度，春秋分在午正西者，太陰在分後則加，在分前則減；春秋分在午正東者反是。隨視其距限之東西。春秋分在午正西者，太陰距地平黃道度不及九十度爲限西，過九十度爲限東；春秋分在午正東者反是。乃以太陰距地平黃道度之餘弦爲一率，本天半徑爲二率，黃道地平交角之餘切爲三率，求得四率爲正切，檢表得黃道高弧交角。

求初虧、復圓定交角，置食甚交周，以初虧、復圓距弧加減之，得初虧、復圓交周。減得初虧，加得復圓。乃以本天半徑爲一率，黃白大距之正弦爲二率，初虧交周之正弦爲三率，求得四率爲正弦，檢表得初虧距緯。又以復圓交周之正弦爲三率，一率二率同前。求得四率爲正弦，檢表得復圓距緯。交周初宮、五宮爲緯北，六宮、十一宮爲緯南。又以併徑之正弦爲一率，初虧、復圓距緯之正弦各爲二率，半徑千萬爲三率，各求得四率爲正弦，檢表得初虧、復圓兩緯差角。以兩緯差角各與黃道高弧交角相加減，得初虧、復圓定交角。初虧限東，緯南則加，緯北則減；限西，緯南則減，緯北則加。復圓反是。

求初虧、復圓方位，食在限東者，定交角在四十五度以內，初虧下偏左，復圓上偏右。若初虧、復圓無緯差角，卽以黃道高弧交角爲定交角。四十五度以外，初虧左偏下，復圓右偏上。適足九十度，初虧正左，復圓正右。過九十度，初虧左偏上，復圓右偏下。食在限西者，定交角四十五度以內，初虧上偏左，復圓下偏右。四十五度以外，初虧左偏上，復圓右偏下。適足九十度，初虧正左，復圓正右。過九十度，初虧左偏下，復圓右偏上。京師黃平象限恆在天頂南，定方位如此。在天頂北反是。

求帶食分秒，以本日日出或日入時分初虧或食甚在日入前者，爲帶食出地，用日入分。食甚或復圓在日出後者，爲帶食入地，用日出分。與食甚時分相減，餘爲帶食距時。以一小時化秒爲一率，一小時月距日實行化秒爲二率，帶食距時化秒爲三率，求得四率爲秒。以度分收之，爲帶食距弧。又以半徑千萬爲一率，帶食距弧之餘切爲二率，食甚距緯之餘弦爲三率，求得四率爲餘切，檢表得帶食兩心相距之弧。乃以太陰全徑爲一率，十分爲二率，倂徑內減帶食兩心相距之餘爲三率，求得四率，卽帶食分秒。

求各省月食時刻，以各省距京師東西偏度變時，每偏一度，變時之四分。加減京師月食時刻，卽得。東加，西減。

求各省月食方位，以各省赤道高度及月食時刻，依京師推方位法求之，卽得。

繪月食圖，先作橫豎二線，直角相交，橫綫當黃道，豎線當黃道經圈，用地影半徑度於中心作圈以象闇虛。次以倂徑爲度作外虛圈，爲初虧、復圓之限。又以兩徑較爲度作內虛圈，爲食既、生光之限。復於外虛圈上周豎線或左或右，取五度爲識，視實交周初宮、十一宮作識於右，五宮、六宮作識於左。乃自所識作線過圈心至外虛圈下周，卽爲白道經圈。於此線上自圈心取食甚距緯作識，卽食甚月心所在。從此作十字橫線，卽爲白道。割內外虛圈之點，爲食甚前後四限月心所在。末以月半徑爲度，於五限月心各作小圈，五限之象具備。

日食用數

太陽實半徑五百零七，餘見月食推日食法。

求天正冬至，同日躔。

求紀日，同月食。

求首朔，同月食。

求太陰入食限，與月食求逐月望平交周之法同，惟不用望策，卽爲逐月朔平交周。視某月交周入可食之限，卽爲有食之月。交周自五宮九度零八分至六宮八度五十一分，又自十一宮二十一度零九分至初宮二十度五十二分，皆爲可食之限。

求平朔，

求太陽平行，

求太陽平引，

求太陰平引，以上四條，皆與月食求平望之法同，惟不加望策。

求太陽實引，同月食。

求太陰實引，同月食。

求實朔，與月食求實望之法同。

求實交周，與月食同。視實交周入食限爲有食。自五宮十一度四十五分至六宮六度十四分，又自十一宮二十三度四十六分至初宮十八度十五分，爲實朔可食限。

求太陽黃赤道實經度，同月食。

求實朔用時，同月食求實望用時。實朔用時，在日出前或日入後。五刻以外，則在夜，不必算。

求食甚用時，與月食求食甚時刻法同。

求用時春秋分距午赤道度，以太陽赤道經度減三宮，不足減者，加十二宮減之。爲太陽距春分後赤道度。又以食甚用時變爲赤道度，加減半周，過半周者減去半周，不及半周者加半周。爲太陽距午正赤道度。兩數相加，滿全周去之。其數不過象限者，爲春分距午西赤道度。過一象限者，與半周相減，餘爲秋分距午東赤道度。過二象限者，則減去二象限，餘爲秋分距午西赤道度。過三象限者，與全周相減，餘爲春分距午東赤道度。

求用時春秋分距午黃道度，以黃赤大距之餘弦爲一率，本天半徑爲二率，春秋分距午赤道度之正切爲三率，求得四率爲正切，檢表得用時春秋分距午黃道度。

求用時正午黃赤距緯，以本天半徑爲一率，黃赤大距之正弦爲二率，距午黃道度之正弦爲三率，求得四率爲正弦，檢表得用時正午黃赤距緯。

求用時黃道與子午圈交角，以距午黃道度之正弦爲一率，距午赤道度之正弦爲二率，本天半徑爲三率，求得四率爲正弦，檢表得用時黃道與子午圈交角。

求用時正午黃道宮度，置用時春秋分距午黃道度，春分加減三宮，午西加三宮，午東與三宮相減。秋分加減九宮，午西加九宮，午東與九宮相減。得用時正午黃道宮度。

求用時正午黃道高，置赤道高度，北極高度減象限之餘。以正午黃赤距緯加減之，黃道三宮至八宮加，九宮至二宮減。卽得。

求用時黃平象限距午，以黃道子午圈交角之餘弦爲一率，本天半徑爲二率，正午黃道高之正切爲三率，求得四率爲正切，檢表得度分。與九十度相減，餘爲黃平象限距午之度分。

求用時黃平象限宮度，以黃平象限距午度分與正午黃道宮度相加減，正午黃道宮度初宮至五宮爲加，六宮至十一宮爲減，若正午黃道高過九十度，則反其加減。卽得。

求用時月距限，以太陽黃道經度與用時黃平象限宮度相減，餘爲月距限度，隨視其距限之東西。太陽黃道經度大於黃平象限宮度者爲限東，小者爲限西。

求用時限距地高，以本天半徑爲一率，黃道子午圈交角之正弦爲二率，正午黃道高之餘弦爲三率，求得四率爲餘弦，檢表得限距地高。

求用時太陰高弧，以本天半徑爲一率，限距地高之正弦爲二率，月距限之餘弦爲三率，求得四率爲正弦，檢表得太陰高弧。

求用時黃道高弧交角，以月距限之正弦爲一率，限距地高之餘切爲二率，本天半徑爲三率，求得四率爲正切，檢表得黃道高弧交角。

求用時白道高弧交角，置黃道高弧交角，以黃白大距加減之，食甚交周初宮、十一宮，月距限東則加，限西則減。五宮、六宮反是。如過九十度，限東變爲限西，限西變爲限東，不足減者反減之。則黃平象限在天頂南者，白平象限在天頂北；黃平象限在天頂北者，白平象限在天頂南。卽得。

求太陽距地，詳月食求地影半徑條。

求太陰距地，詳月食求太陰半徑條。

求用時高下差，用平三角形，以地半徑爲一邊，太陽距地爲一邊，用時太陰高弧與象限相減，餘爲所夾之角，求得對太陽距地邊之角。減去一象限，爲太陽視高。與太陰高弧相減，餘爲太陽地半徑差。又用平三角形，以地半徑爲一邊，太陰距地爲一邊，用時太陰高弧與象限相減，餘爲所夾之角，求得對太陰距地邊之角。減去一象限，爲太陰視高。與高弧相減，餘爲太陰地半徑差。兩地半徑差相減，得高下差。

求用時東西差，以半徑千萬爲一率，白道高弧交角之餘弦爲二率，高下差之正切爲三率，求得四率爲正切，檢表得用時東西差。

求食甚近時，以月距日實行化秒爲一率，一小時化秒爲二率，東西差化秒爲三率，求得四率爲秒。以時分收之，爲近時距分。以加減食甚用時，月距限西則加，限東則減，仍視白道高弧交角變限不變限爲定。得食甚近時。

求近時春秋分距午赤道度，以食甚近時變赤道度求之，餘與前用時之法同。後諸條倣此，但皆用近時度分立算。

求近時春秋分距午黃道度。

求近時正午黃赤距緯。

求近時黃道與子午圈交角。

求近時正午黃道宮度。

求近時正午黃道高。

求近時黃平象限距午。

求近時黃平象限宮度。

求近時月距限，置太陽黃道經度，加減用時東西差，依近時距分加減號。爲近時太陰黃道經度。與近時黃平象限宮度相減，爲近時月距限。餘同用時。

求近時限距地高。

求近時太陰高弧。

求近時黃道高弧交角。

求近時白道高弧交角。

求近時高下差。

求近時東西差。

求食甚視行，倍用時東西差減近時東西差，卽得。

求食甚眞時，以視行化秒爲一率，近時距分化秒爲二率，用時東西差化秒爲三率，求得四率爲秒。以時分收之，爲眞時距分，以加減食甚用時，得食甚眞時。加減與近時距分同。

求眞時春秋分距午赤道度，以食甚眞時變赤道度求之，餘與用時之法同。後諸條做此，但皆用眞時度分立算。

求眞時春秋分距午黃道度。
求眞時正午黃赤距緯。
求眞時黃道與子午圈交角。
求眞時正午黃道宮度。
求眞時正午黃道高。
求眞時黃平象限距午。
求眞時黃平象限宮度。
求眞時月距限，置太陽黃道經度，加減近時東西差，依眞時距分加減號。爲眞時太陰黃道經度。餘同用時。
求眞時限距地高。
求眞時太陰高弧。
求眞時黃道高弧交角。
求眞時白道高弧交角。
求眞時高下差。
求眞時東西差。

求眞時南北差，以半徑千萬爲一率，眞時白道高弧交角之正弦爲二率，眞時高下差之正弦爲三率，求得四率爲正弦，檢表得眞時南北差。

求食甚視緯，依月食求食甚距緯法推之，得實緯。以眞時南北差加減之，爲食甚視緯。白平象限在天頂南者，緯南則加，而視緯仍爲南；緯北則減，而視緯仍爲北。若緯北而南北差大於實緯，則反減而視緯變爲南。限在天頂北者反是。

求太陽半徑，以太陽距地爲一率，太陽實半徑爲二率，本天半徑爲三率，求得四率爲正弦，檢表得太陽半徑。

求太陰半徑，詳月食。

求食分，以太陽全徑爲一率，十分爲二率，併徑太陽太陰兩半徑併。減去視緯爲三率，求得四率即食分。

求初虧、復圓用時，以食甚視緯之餘弦爲一率，併徑之餘弦爲二率，半徑千萬爲三率，求得四率爲餘弦，檢表得初虧、復圓距弧。又以月距日實行化秒爲一率，一小時化秒爲二率，初虧、復圓距弧化秒爲三率，求得四率爲秒。以時分收之，爲初虧、復圓距時。以加減食甚眞時，得初虧、復圓用時。減得初虧，加得復圓。

求初虧春秋分距午赤道度，以初虧用時變赤道度求之，餘與用時同。後諸條倣此，但皆用初虧度分立算。

求初虧春秋分距午黃道度。

求初虧正午黃赤距緯。

求初虧黃道與子午圈交角。

求初虧正午黃道宮度。

求初虧正午黃道高。

求初虧黃平象限距午。

求初虧黃平象限宮度。

求初虧月距限，置太陽黃道經度，減初虧、復圓距弧，又加減眞時東西差，依眞時距分加減號。得初虧太陰黃道經度。餘同用時。

求初虧限距地高。

求初虧太陰高弧。

求初虧黃道高弧交角。

求初虧白道高弧交角。

求初虧高下差。

求初虧東西差。

求初虧南北差。

求初虧視行，以初虧、東西差與眞時東西差相減併初虧食甚同限則減，初虧限東食甚限西則併。爲差分，以加減初虧、復圓距弧爲視行。相減爲差分者，食在限東，初虧東西差大則減，小則加。食在限西反是。相併爲差分者恆減。

求初虧眞時，以初虧、視行化秒爲一率，初虧、復圓距時化秒爲二率，初虧、復圓距弧化秒爲三率，求得四率爲秒。以時分收之，爲初虧距分。以減食甚眞時，得初虧眞時。

求復圓春秋分距午赤道度，以復圓用時變赤道度求之。餘同用時。後諸條倣此，但皆用復圓度分立算。

求復圓春秋分距午黃道度。

求復圓正午黃赤距緯。

求復圓黃道與子午圈交角。

求復圓正午黃道宮度。

求復圓正午黃道高。

求復圓黃平象限距午。

求復圓黃平象限宮度。

求復圓月距限，置太陽黃道經度，加初虧、復圓距弧，又加減眞時東西差，依眞時距分加減號。得復圓太陰黃道經度。餘同用時。

求復圓限距地高。

求復圓太陰高弧。

求復圓黃道高弧交角。

求復圓白道高弧交角。

求復圓高下差。

求復圓東西差。

求復圓南北差。

求復圓視行，以復圓東西差與眞時東西差相減併爲差分，復圓食甚同限，則減；食甚限東，復圓限西，則併。以加減初虧、復圓距弧爲視行。相減爲差分者，食在限東，復圓東西差大則加，小則減。食在限西反是。相併爲差分者恆減。

求復圓眞時，以復圓視行化秒爲一率，初虧、復圓距時化秒爲二率，初虧、復圓距弧化秒爲三率，求得四率爲秒。以時分收之，爲復圓距分。以加食甚眞時，得復圓眞時。

求食限總時，以初虧距分與復圓距分相併，即得。

求太陽黃道宿度，同日躔。

求太陽赤道宿度，依恆星求赤道經緯法求得本年赤道宿鈐，餘同日躔求黃道法。

求初虧、復圓定交角，求得初虧、復圓各視緯，與食甚法同。以求各緯差角。各與黃道高弧交角相加減，爲初虧及復圓之定交角。法與月食同。

求初虧、復圓方位，食在限東者，定交角在四十五度以內，初虧上偏右，復圓下偏左。四十五度以外，初虧右偏上，復圓左偏下。適足九十度，初虧正右，復圓正左。過九十度，初虧右偏下，復圓左偏上。食在限西者，定交角在四十五度以內，初虧下偏右，復圓上偏左。四十五度以外，初虧右偏下，復圓左偏上。適足九十度，初虧正右，復圓正左。過九十度，初虧右偏上，復圓左偏下。京師黃平象限恆在天頂南，定方位如此，在天頂北反是。

求帶食分秒，以本日日出或日入時分初虧或食甚在日出前者，爲帶食出地，用日出分；食甚或復圓在日入後者，爲帶時入地，用日入分。與食甚眞時相減，餘爲帶食距時。乃以初虧、復圓距時化秒爲一率，初虧、復圓視行化秒爲二率，帶食在食甚前，用初虧視行；帶食在食甚後，用復圓視行。帶食距時化秒爲三率，求得四率爲秒。以度分收之，爲帶食距弧。又以半徑千萬爲一率，帶食距弧之餘切爲二率，食甚距緯之餘弦爲三率，求得四率爲餘切，檢表得帶食兩心相距。乃以太陽全徑爲一率，十分爲二率，併徑內減帶食兩心相距爲三率，求得四率，爲帶食分秒。

求各省日食時刻及食分，以京師食甚用時，按各省東西偏度加減之，得各省食甚用時。乃按各省北極高度，如京師法求之，卽得。

求各省日食方位，以各省黃道高弧交角及初虧、復圓視緯，求其定交角，卽得。

繪日食圖法同月食，但只用日月兩半徑爲度，作一大虛圈，爲初虧、復圓月心所到。不用內虛圈，無食既、生光二限。

凌犯用數，具七政恆星行及交食。

推凌犯法，求凌犯入限，太陰凌犯恆星，以太陰本日次日經度，查本年恆星經緯度表，某星緯度不過十度，經度在此限內，爲凌犯入限。復查太陰在入限各星之上下，如星月兩緯同在黃道北者，緯多爲在上，緯少爲在下。同在黃道南者反是。一南一北者，北爲在上，南爲在下。太陰在上者，兩緯相距二度以內取用；太陰在下者，一度以內取用。相距十七分以內爲凌，十八分以外爲犯，緯同爲掩。太陰凌犯五星，以本日太陰經度在星前、次日在星後爲入限，餘與凌犯恆星同。五星凌犯恆星，以兩緯相距一度內取用。相距三分以內爲凌，四分以外爲犯，餘與太陰同。五星自相凌犯，以行速者爲凌犯之星，行遲者爲受凌犯之星。如遲速相同而有順逆，則爲順行之星凌犯逆行之星，皆以此星經度本日在彼星前、次日在彼星後爲入限。餘同凌犯恆星。

求日行度，太陰凌犯恆星，卽以太陰一日實行度爲日行度。凌犯五星，以太陰一日實行度與本星一日實行度相加減，星順行則減，逆行則加。爲日行度。五星凌犯恆星，以本星一日實行度爲日行度。五星自相凌犯，以兩星一日實行度相加減，順逆同行則減，異行則加。爲日行度。

求凌犯時刻，以日行度化秒爲一率，刻下分爲二率，本日子正相距度化秒爲三率，求得四率爲分。以時刻收之，初時起子正，卽得。

求太陰凌犯視差，五星視差甚微，可以不計。以刻下分爲一率，太陽一日實行度化秒爲二率，凌犯時刻化分爲三率，求得四率爲秒。以度分收之，與本日子正太陽實行相加，爲本時太陽黃道度。依日食法求東西差及南北差。

求太陰視緯，置太陰實緯，以南北差加減之，加減之法，與日食同。卽得。求太陰距星，以太陰視緯與星緯相加減，南北相同則減，一南一北則加。得太陰距星。取相距一度以內者用。

求凌犯視時，以太陰一小時實行化秒爲一率，一小時化秒爲二率，東西差化秒爲三率，求得四率爲秒。收爲分，以加減凌犯時刻，太陰距限西則加，東則減。得凌犯視時。

清史稿卷五十

志二十五

時憲六

雍正癸卯元法上

日躔改法之原：

一，更定歲實以衡消長。歲實古多而今少，故授時有消長之術。西人第谷所定，減郭守敬萬分之三。至奈端等屢加測驗，謂第谷所減太過，定爲三百六十五日二四二三三四四二〇一四一五，比第谷所定多萬分之一有奇。以除周天三百六十度，得每日平行，比第谷所定少五纖有奇。本法用之。

一，更定黃赤距緯以徵翕闢。黃赤大距，古闊而今狹，恆有減而無增，西人利酉理、噶西尼測定黃赤大距二十三度二十九分，比第谷所定少二分三十秒，比刻白爾所定少一分。

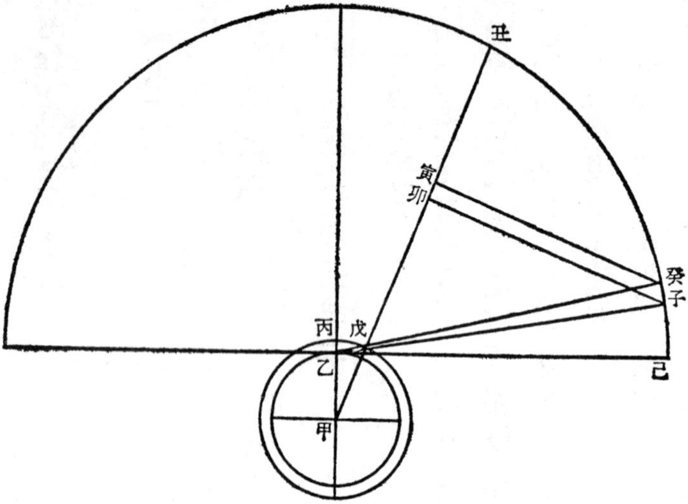

本法用之。

一，細考清蒙氣差以祛歧視。西人第谷悟得蒙氣繞地球之周，日月星照蒙氣之外，人在地面爲蒙氣所映，必能視之使高。而日月星之光線入蒙氣之中，必反折之使下。故光線與視線蒙氣之內合而爲一，蒙氣之外，歧而爲二。二線所交，卽爲蒙氣差角，然未有算術。噶西尼反覆精求，謂視線光線所歧雖有不同，相合則有定處。自地心過所合處作線抵圜周，卽爲蒙氣割線。視線與割線成一角，光線與割線亦成一角，二角相減，得蒙氣差角。爰在北極出地高四十四度處，屢加精測，得地平上最大差爲三十二分一十九秒，蒙氣之厚爲地半徑千萬分之六千零九十五，視線角與光線角正弦之比例，常如一千萬與一千萬零二千八百四十一。用是推得逐度蒙氣差。本法用之。如圖甲爲地心，乙爲地面，丙乙爲蒙氣之厚，丑甲爲割線，癸乙爲視線，子戊爲光線，癸戊子爲蒙氣差角，癸寅、子卯爲兩正弦。

一，細考地半徑差以辨蒙雜。康熙十一年壬子秋分前十四日夜半，火星與太陽衝，西人噶西尼於富郎濟亞國測得火星距天頂五十九度四十分一十五秒，利實爾於同一子午線之噶耶那島測得火星距天頂一十五度四十七分五秒，同時用有千里鏡能測秒微之儀器，與子午線上最近一恆星，測其相距。噶西尼所得火星較低一十五秒，因恆星無地半徑差以之立法，用平三角形，推得火星在地平上最大地半徑差二十五秒，小餘三七。又據歌白尼、第谷測得火星距地與太陽距地之比，如一百與二百六十六，用轉比例法，求得太陽在中距時地平上最大地半徑差一十秒，其逐度之差，以半徑與正弦爲比例。本法用之，以求地半徑與日天半徑之比例，中距爲一與二萬零六百二十六，最高爲一與二萬零九百七十五，最卑爲一與二萬零二百七十七，地平上最大地半徑差最高爲九秒五十微，最卑爲一十秒一十微。

一，用橢圓面積爲平行以酌中數。西人刻白爾以來，屢加精測，盈縮之最大差止一度五十六分一十二秒。以推逐度盈縮差，最高前後，本輪失之小，均輪失之大；最卑前後，本輪失之大，均輪失之小。乃以盈縮最大差折半，檢其正弦，得一六九〇〇〇爲兩心差。以本天心距最高卑爲一千萬，作橢圓，自地心出線，均分其面積，爲平行度，以所夾之角爲實行度，以推盈縮。在本輪、均輪所得數之間，而逐度推求，苦無算術。噶西尼等乃立角積相求諸法，驗諸實測，斯爲脗合。本法用之。如圖甲爲地心，乙爲本天心，丁爲最高，丙爲最卑，戊己爲中距，瓜分之面積爲平行，所對之平圓周角度爲黃道實行。

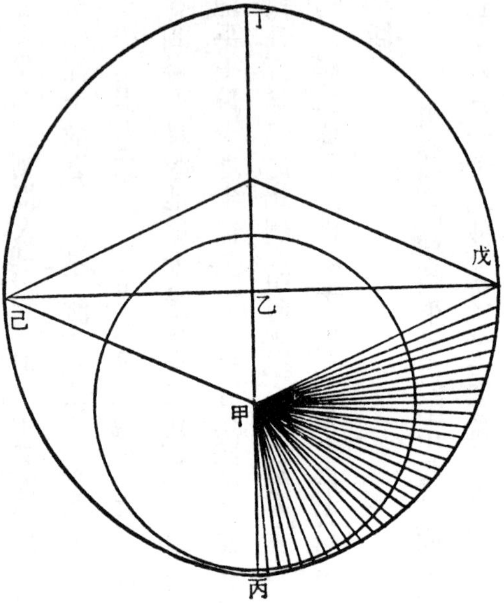

一，更定最卑行以正引數。西人噶西尼等測得每歲平行一分二秒五十九微五十一纖零八忽，比甲子元法多一秒四十九微有奇。本法用之。

一，更定平行所在以正歲首。用西人噶西尼所定，推得雍正癸卯年天正冬至爲丙申日丑正三刻十一分有奇，比甲子元法遲二刻。次日子正初刻最卑過冬至八度七分三十二秒二十二微，比甲子元法多十七分三十五秒四十二微。

月離改法之原：

一，求太陰本天心距地及最高行，隨時不同，以期通變。自西人刻白爾創橢圓之法，奈端等累測月離，得日當月天中距時最大遲疾差爲四度五十七分五十七秒，兩心差爲四三三一九〇。日當月天最高，或當月天最卑，則最大遲疾差爲七度三十九分三十三秒，兩心差爲六六七八二〇。日歷月天高卑而後，兩心差漸小；中距而後，兩心差漸大；日距月天高卑前後四十五度，兩心差適中。又日當月天高卑時，最高之行常速，至高卑後四十五度而止；日當月天中距時，最高之行常遲，至中距後四十五度而止；與日

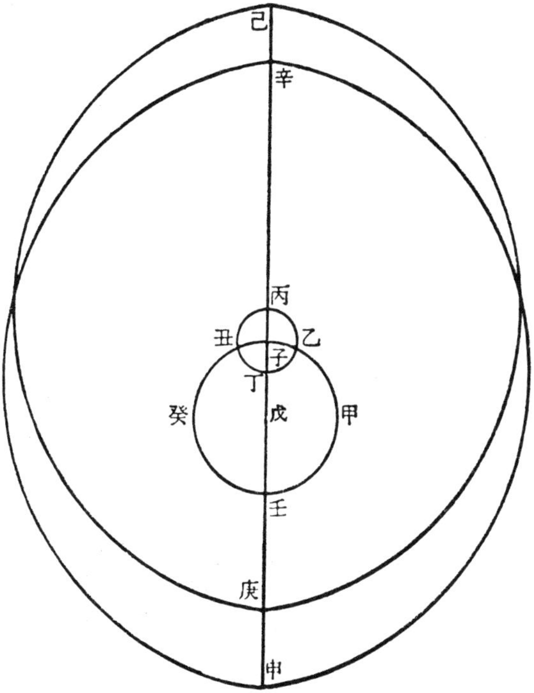

月之盈縮遲疾相似，而周轉之數倍之。因以地心爲心，以兩心差最大最小兩數相加折半，得五五〇五〇五，爲最高本輪半徑。相減折半，得一一七三一五，爲最高均輪半徑。均輪心循本輪周右旋，行最高平行度；本天心循均輪周起最遠點右旋，行日距月天最高之倍度。用平三角形，推得最高實均。又推得逐時兩心差，以求面積。如日躔求盈縮法，以求遲疾，名曰初均。本法用之。如圖戊爲地心，甲壬癸子爲本輪，乙丁丑丙爲均輪，丙丁皆本天心，丙爲最遠，丁爲最近，戊丙兩心差大，己庚橢圓面積少，戊丁兩心差小，辛申橢圓面積多。

一，增立一平均數以合時差。西人刻白爾以來，奈端等屢加測驗，得日在最卑後太陰平行常遲，最高平行、正交平行常速。日在最高後反是。因定日在中距，太陰平行差一十一分五十秒，最高平行差一十九分五十六秒，正交平行差九分三十秒。其間逐度之差，皆以太陽中距之均數與太陽逐度之均數爲比例，名曰一平均。本法用之。

一，增立二平均數以均面積。西人奈端以來，屢加精測，得太陽在月天高卑前後太陰平行常遲，至高卑後四十五度而止。在月天中距前後反是。然積遲、積速之多，正在四十五度，而太陽在最高與在最卑，其差又有不同。因定太陽在最高，距月天高卑中距後四十五度之最大差爲三分三十四秒；太陽在最卑，距月天高卑中距後四十五度之最大差爲三分五十六秒。高卑後爲減，中距後爲加。其間日距月最高逐度之差，皆以半徑與日距月最高倍度之正弦爲比例。太陽距地逐度之差，又以太陽高卑距地之立方較與太陽本日距地同太陽最高距地之立方較爲比例，名曰二平均。本法用之。

一，增立三平均數以合交差。西人奈端以來，定白極在正交均輪周行日距正交之倍度，因定太陽在黃白兩交後，則太陰平行又稍遲；在黃白大距後，則太陰平行又稍速；其最大差爲四十七秒。兩交後爲減，大距後爲加。其逐度之差，皆以半徑與日距正交倍度之正弦爲比例，名曰三平均。本法用之。

一，更定二均數以正倍離。西人噶西尼以來，屢加測驗，定日在最高朔望前後四十五度，最大差爲三十三分一十四秒；日在最卑朔望前後四十五度，最大差爲三十七分一十一秒。朔望後爲加，兩弦後爲減。其間月距日逐度之二均，則以半徑與月距日倍度之正弦爲比例。其太陽距最高逐度二均之差，又以日天高卑距地之立方較與本日太陽距地同太陽最高距地之立方較爲比例，與二平均同。本法用之。

一，更定三均數以合總數。西人噶西尼以來，取月距日與月高距日高共爲九十度時測之，除末均之差外，其差與月距日或月高距日高之獨爲九十度者等。又取月距日與月高距日高共爲四十五度時測之，亦除末均差外，其差與月距日或月高距日高之獨爲四十五度者等。乃定太陰三均之差，在月距日與月高距日高之總度半周內爲加，半周外爲減。其九十度與二百七十度之最大差爲二分二十五秒。其間逐度之差，以半徑與總度之正弦爲比例。本法用之。

一，增立末均數以合距度。西人噶西尼以來，測日月最高同度或日月同度兩者只有一相距之差，則止有三均。若兩高有距度，日月又有距度，則三均之外，朔後又差而遲，望後又差而速。及至月高距日高九十度、月距日亦九十度時，無三均，而其差反最大。故知三均之外，又有末均。乃將月高距日高九十度分爲九限，各於月距日九十度時測之，兩高相距九十度，其差三分；八十度，其差二分三十九秒；七十度，其差二分一十九秒；六十度，其差二分；五十度，其差一分四十三秒；四十度，其差一分二十八秒；三十度，其差一分一十六秒；二十度，其差一分七秒；一十度，其差一分一秒。其間逐度之差，用中比例求之。其間月距日逐度之差，皆以半徑與月距日之正弦爲比例。朔後爲減，望後爲加。本法用之。

一，更定交均及黃白大距以合差分。西人奈端、噶西尼以來，測得日在兩交時，交角最大爲五度一十七分二十秒；日距交九十度時，交角最小爲四度五十九分三十五秒。朔望而後，交角又有加分。因日距交與月距日之漸遠，以漸而大，至日距交九十度、月距日亦九十度時，加二分四十三秒。交均之最大者，爲一度二十九分四十二秒。乃以最大、最小兩交角相加折半，爲繞黃極本輪；相減折半，爲負白極均輪。分均輪全徑爲五，取其一，內去朔望

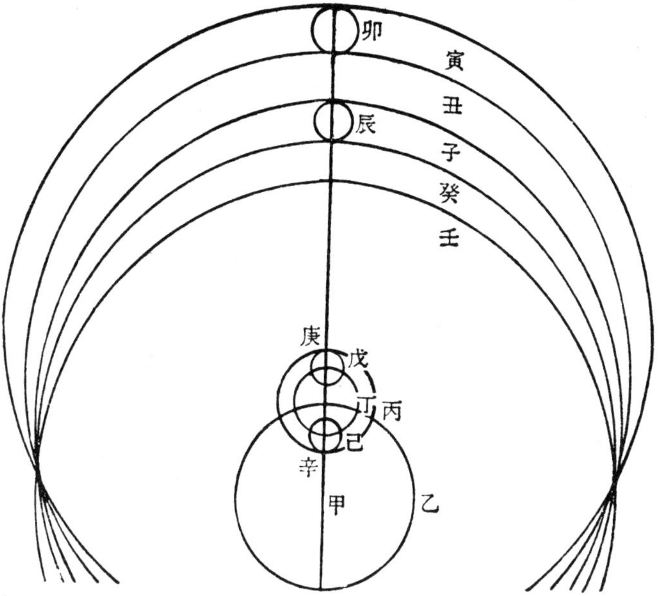

後加分，爲最大加分小輪全徑，設於白道，餘爲交均小輪全徑。與均輪全徑相減，餘爲負小輪全徑，與均輪同心，均輪負而行，不自行。均輪心行於本輪周，左旋，爲正交平行。交均小輪心在負小輪周，起最遠點，右旋，行日距正交之倍度。白極在交均小輪周，起最遠點，左旋，行度又倍之。而白道上之加分小輪，其周最近。黃道之點，與朔望之白道相切，其全徑按日距正交倍度爲大小，常與最大加分小輪內所當之正矢等。又按本時全徑內取月距日倍度所當之正矢爲所張之度，驗諸實測，無不脗合。本法用之。如圖甲爲黃極，乙爲本輪，丙爲均輪，丁爲負小輪，戊己皆爲交均小輪，庚辛皆爲白極，壬爲黃道，丑、癸皆爲朔望時白道，寅、子皆爲兩弦時白道，卯、辰皆爲白道上加分小輪。

一，更定地半徑差以合高均。求得兩心差最大時，最高距地心一〇六六七八二〇，爲六十三倍地半徑又百分之七十七；最卑距地心九三三二一八〇，爲五十五倍地半徑又百分之七十九。兩心差最小時，最高距地心一〇四三三一九〇，爲六十二倍地半徑又百分之三十七；最卑距地心九五六六八一〇，爲五十七倍地半徑又百分之一十九；中距距地心一千萬，爲五十九倍地半徑又百分之七十八。又用平三角形，求得太陰自高至卑逐度距地心線及地平上最大差。其實高逐度之差，皆以半徑與正弦爲比例。

一，更定三種平行及平行所在。太陰每日平行，比甲子元法多千萬分秒之二萬二千三百一十六，最高每日平行，比甲子元法少百萬分秒之七千二百五十一，正交每日平行，比甲子元法少十萬分秒之一百三十七。雍正癸卯天正冬至，次日子正，太陰平行所在，比甲子元法多二分一十四秒五十七微，最高平行所在，比甲子元法少三十六分三十七秒一十微，正交平行所在，比甲子元法多五分六秒三十三微。

交食改法之原：

一，用兩時日躔、月離黃道度求實朔、望。先推平朔、望以求其入交之月，次推本日、次

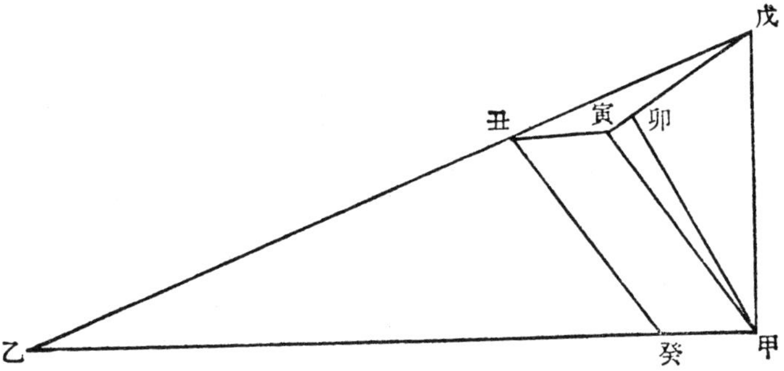

日兩子正之日躔、月離黃道經度以求其實朔、望之時，又推本時次時兩日躔、月離以比例其時刻。與甲子元法止用兩日及用黃白同經者不同。

一，用兩經斜距求日、月食甚時刻及兩心實相距。以黃白二道原非平行，而日、月兩經常相斜距。若以太陽爲不動，則太陰如由斜距線行，故求兩心相距最近之線，不與白道成正角，而與斜距線成正角。其距弧變時，亦不以月距日實行度爲比例，而以斜距度爲比例。如圖甲乙爲黃道，戊乙爲白道，甲戊爲實朔、望距緯，甲癸爲太陽一小時實行，戊丑爲太陰一小時實行。設太陽不動而合癸與甲，則太陰不在丑而在寅。戊寅爲一小時兩經斜距線，甲卯與戊寅成正角，卽爲兩心相距最近之線，戊卯爲食甚距弧，皆借弧線爲直線，用平三角形求之。初虧、復圓，則以併徑爲弦作勾股。

一，更定日、月實徑與地徑之比例。西人默爵製造鏡儀，測得日視徑最高爲三十一分四十秒，中距爲三十二分一十二秒，最卑爲三十二分四十五秒；月視徑最高爲二十九分二十三秒，中距爲三十一分二十一秒，最卑爲三十三分三十六秒。用此數推算日實徑爲地徑之九十六倍又十分之六，月實徑爲地徑百分之二十七，小餘二六强，太陽光分一十五秒。本法用之。

一，更定求影半徑法及影差。以日、月兩地半徑差相加，內減去日半徑，餘卽爲實影半徑。又月食時日在地下，蒙氣轉蔽日光，地影視徑大於實徑約爲太陰地半徑差六十九分之一，是爲影差。如圖甲丁辛三角形，丁辛二內角與壬甲辛一外角等，丁角卽太陽地半徑差，

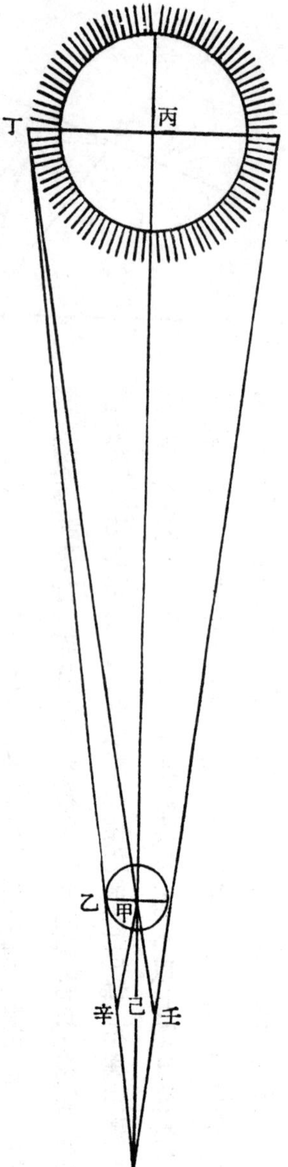

辛角卽太陰地半徑差，甲丁線略與甲丙日天半徑等，甲辛線略與甲己月天半徑等，其角皆與地半徑甲乙相當故。壬甲己對角丙甲丁卽日半徑。故以丁角、辛角相加，卽得壬甲辛角，內減壬甲己角，餘己甲辛角，卽實影半徑。

一，更定求日食食甚眞時及兩心視相距。借弧線爲直線，用平三角形，以食甚用時兩心實相距爲一邊，用時高下差爲一邊，用時白經高弧交角爲所夾之角，求得對角之邊，爲

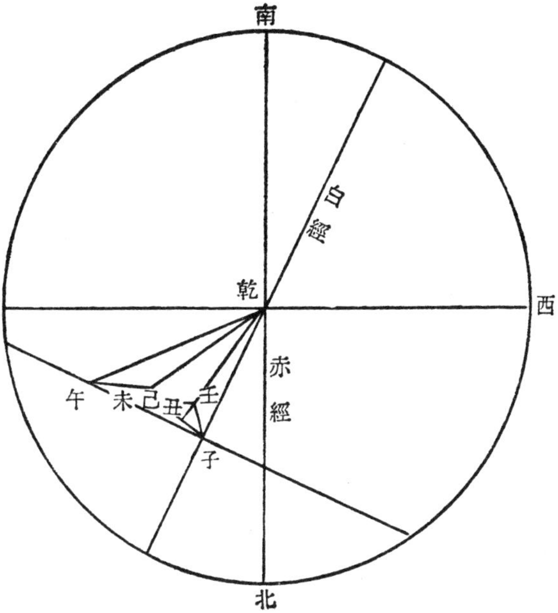

兩心視相距，並求得對兩心實相距角。復設一時，限西向後設，限東向前設。求其兩心實相距及高下差爲二邊。白經高弧交角與對設時距弧角相減，餘爲所夾之角，求得對角之邊，爲設時兩心視相距，亦求得對兩心實相距角。乃取用時、設時兩白經高弧交角較，與用時對兩心實相距角相減。又加設時對兩心實相距角，又與全周相減爲一角，用時、設時兩視相距爲夾角之二邊，求其對邊爲視行，求其中垂線至視行之點，爲食甚眞時所在，垂線爲眞時視相距。以上加減，據向後設而言。然後以所得眞時，復考其兩心視相距果與所求垂線合，卽爲定眞時。如圖乾爲

日心，乾子爲用時兩心實相距，乾壬爲高下差，壬子爲兩心視相距，乾午爲設時兩心實相距，乾己爲高下差，己午同壬未爲兩心視相距，壬丑中垂線爲眞時視相距。初虧、復圓法同，但以併徑爲比考眞時之限。至帶食則以地平爲斷，亦逕求兩心視相距，不用視行。

恆星改法之原，見天文志。

土星改法之原，見推步因革篇。

羅睺、計都更名，乾隆五年，和碩莊親王等援古法奏請更正，下大學士、九卿議奏，乾隆九年更正。

紫氣增設之原，大學士、伯訥爾泰等議覆，更定羅睺、計都名目，幷援古法增入紫氣，約二十八年十閏而氣行一周天，每日行二分六秒，小餘七二〇七七七。以乾隆九年甲子天正冬至，次日子正在七宮十七度五十分十四秒五十三微爲元。

日躔用數，雍正元年癸卯天正冬至爲法元。壬寅年十一月冬至。

周歲三百六十五日二四二三三四四二。

太陽每日平行三千五百四十八秒，小餘三二九〇八九七。

最卑歲行六十二秒，小餘九九七五。
最卑日行十分秒之一又七二四八。
本天橢圓大半徑一千萬，小半徑九百九十九萬八千五百七十一，小餘八五，兩心差十六萬九千。
宿度，乾隆十八年以前，用康熙壬子年表，十九年以後，用乾隆甲子年表，俱見天文志。各省及蒙古、回部、兩金川土司北極高度、東西偏度，見天文志。
黃赤大距二十三度二十九分。
最卑應八度七分三十二秒二十二微。
氣應三十二日一二二五四。
宿應二十七日一二二五四。
宿名，乾隆十八年以前，同甲子元，十九年以後，易觜前參後，餘見甲子元法。

推日躔法　求天正冬至，同甲子元法。
求平行，同甲子元法。
求實行，先求引數，同甲子元法。乃用平三角形，以二千萬爲一邊，倍兩心差爲一邊，引數爲所夾之角，六宮內用內角，六宮外與全周相減用其餘。求得對倍兩心差之角，倍之爲橢圓界角。又以本天小半徑爲一率，大半徑爲二率，前所夾角正切爲三率，求得四率爲橢圓之正切，檢表得度分秒。與引數相減，餘爲橢圓差角。最卑前後各三宮與橢圓界角相加，最高前後各三宮與橢圓界角相減，自初宮爲最卑後，以此順計。爲均數。置平行，以均數加減之，引數初宮至五宮爲加，六宮至十一宮爲減。得實行。

求宿度。

求紀日值宿。

求節氣時刻。

求距緯度。

求日出入晝夜時刻。並同甲子元法。

月離用數　太陰每日平行四萬七千四百三十五秒，小餘〇二三四〇八六。

最高每日平行四百零一秒，小餘〇七〇二二六。

正交每日平行一百九十秒，小餘六三八六三。

太陽最大均數六千九百七十三秒。

太陰最大一平均七百一十秒。
最高最大平均一千一百九十六秒。
正交最大平均五百七十秒。
太陽最高立方積一〇五一五六二。
太陽高卑立方大較一〇一四一〇。
太陽在最高，太陰最大二平均二百一十四秒。
太陽在最卑，太陰最大二平均二百三十六秒。
太陰最大三平均四十七秒。
本天橢圓大半徑一千萬。
最大兩心差六六七八二〇。
最小兩心差四三三一九〇。
最高本輪半徑五五〇五〇五，卽中數兩心差。
最高均輪半徑一一七三一五。
太陽在最高，太陰最大二均一千九百九十四秒。
太陽在最卑，太陰最大二均二千二百三十一秒。

太陰最大三均一百四十五秒。
兩最高相距一十度，兩弦最大末均六十一秒。
相距二十度，兩弦最大末均六十七秒。
相距三十度，兩弦最大末均七十六秒。
相距四十度，兩弦最大末均八十八秒。
相距五十度，兩弦最大末均一百零三秒。
相距六十度，兩弦最大末均一百二十秒。
相距七十度，兩弦最大末均一百三十九秒。
相距八十度，兩弦最大末均一百五十九秒。
相距九十度，兩弦最大末均一百八十秒。
正交本輪半徑五十七分半。
正交均輪半徑一分半。
最大黃白大距五度一十七分二十秒。
最小黃白大距四度五十九分三十五秒。
黃白大距中數五萬八千五百零七秒半。

黃白大距半較五百三十二秒半。
最大交角加分一千零六十五秒。
最大距日加分一百六十三秒。
太陰平行應五宮二十六度二十七分四十八秒五十三微。
最高應八宮一度一十五分四十五秒三十八微。
正交應五宮二十二度五十七分三十七秒三十三微。餘見日躔。

推月離法　求天正冬至，同甲子元法。
求太陰平行，同甲子元法。
求最高平行，同甲子元法求月孛行。
求正交平行，同甲子元法。
求用平行，以太陽最大均數爲一率，太陰最大一平均爲二率，本日太陽均數化秒爲三率，求得四率爲秒。收爲分，後皆同。爲太陰一平均。又以最高最大平均爲二率，一率、三率同前。求得四率爲本日最高平均。又以正交最大平均爲二率，求得四率，爲本日正交平均，隨記其加減號。太陰正交與太陽相反，最高與太陽同。各加減平行，得太陰二平行及用最高用正交。

於太陽實行內減去用最高，爲日距月最高。減去用正交，爲日距正交。次以半徑千萬爲一率，太陽引數內加減太陽均數爲實引，取其餘弦爲二率，太陽倍兩心差爲三率，求得四率爲分股。又以實引正弦爲二率，一率、三率同前。求得四率爲勾；以分股與全徑二千萬相加減，實引三宮內九宮外加，三宮外九宮內減。爲股弦和；求得弦。轉與全徑相減，爲日距地心數。自乘再乘得立方積，與太陽最高立方積相減，爲本時立方較。又以半徑千萬爲一率，高卑最大二平均各爲二率，日距月最高倍度正弦爲三率，各求得四率，爲本時高卑二平均。又以高卑立方大較爲一率，本時立方較爲二率，本時高卑二平均相減餘爲三率，求得四率與本時最高二平均相加，爲本時二平均，記加減號。日距月最高倍度不及半周爲減，過爲加。復以半徑千萬爲一率，最大三平均爲二率，日距正交倍度正弦爲三率，求得四率，爲三平均，記加減號。日距正交倍度不及半周爲減，過爲加。乃置二平行，加減二三平均，得用平行。

求初實行，用平三角形，以最高本輪半徑爲一邊，最高均輪半徑爲一邊，日距月最高倍度與半周相減，餘爲所夾之角，求得對均輪半徑之角，爲最高實均，記加減號。日距月最高倍度不及半周爲加，過爲減。又求得對原角之邊，爲本時兩心差。以最高實均加減用最高爲最高實行，以最高實行減用平行爲太陰引數，復用平三角形，以半徑千萬爲一邊，本時兩心差爲一邊，太陰引數與半周相減餘爲所夾之角，求得對兩心差之角。與原角相加，復爲所夾之角。

求得對半徑千萬之角，爲平圓引數。乃以本天大半徑爲一率，本時兩心差爲正弦，對表取餘弦爲二率，平圓引數之正切線爲三率，求得四率爲正切，檢表爲實引，與太陰引數相減爲初均數。置用平行，以初均數加減之，引數初宮至五宮爲減，六宮至十一宮爲加。得初實行。

求白道實行，置初實行，減本日太陽實行，爲月距日。乃以半徑千萬爲一率，高卑最大二均數各爲二率，月距日倍度正弦爲三率，各求得四率，爲本時高卑二均數。又以高卑立方大較爲一率，本時立方較爲二率，本時高卑二均數相減餘爲三率，求得四率，與本時最高二均數相加，爲本時二均數，記加減號。月距日倍度不及半周爲加，過爲減。又置月距日，加減二均，爲實月距日。置太陽最卑平行，加減六宮，爲日最高太陰最高實行。內減日最高，爲日月最高相距。與實月距日相加，爲相距總數。以半徑千萬爲一率，最大三均爲二率，相距總數正弦爲三率，求得四率，爲三均數，記加減號。總數不及半周爲加，過爲減。又以半徑千萬爲一率；日月最高相距度用中比例，取本時兩弦最大末均爲二率，實月距日正弦爲三率，求得四率，爲末均數，記加減號。實月距日不及半周爲減，過爲加。乃置初實行，加減二均、三均、末均，得白道實行。

求黃道實行，用平三角形，以正交本輪半徑爲一邊，正交均輪半徑爲一邊，日距正交倍度爲所夾之外角，倍度過半周，減去半周，用其餘。求得對兩邊二角之半較。與日距正交相減，餘爲正交實均。以加減日距正交倍度不及半周爲加，過爲減。用正交，爲正交實行。置白道實行，減正交實行，爲月距正交。又以半徑千萬爲一率，日距正交倍度正矢爲二率，倍度過半周，與全周相減，用其餘。黃白大距半較爲三率，求得四率，爲交角減分。又以最大距日加分折半爲三率，一率、二率同前。求得四率，爲距交加差。又以半徑千萬爲一率，實月距日倍度正矢爲二率，倍度過半周，與全周相減，用其餘。距交加差折半爲三率，求得四率，爲距日加分。置最大大距，減交角，減分加距日加分，爲黃白大距。乃以半徑千萬爲一率，黃白大距餘弦爲二率，月距正交、正切爲三率，求得四率爲正切，檢表爲黃道距交度。與月距正交相減，餘爲升度差。以加減白道實行，月距正交初、一、二、六、七、八宮爲減，三、四、五、九、十、十一宮爲加。得黃道實行。

求黃道緯度，同甲子元法。

求四種宿度，月孛用最高實行，羅睺用正交實行加減六宮，計都用正交實行，餘同甲子元法。

求紀日值宿。

求交宮時刻。

求太陰出入時刻。

求合朔弦望。

求正升、斜升、横升。

求月大小。

求閏月，並同甲子元法。

求月令，日躔娵訾，爲建寅正月，東風解凍，蟄蟲始振，魚陟負冰，獺祭魚，候雁北，草木萌動，凡六候。日躔降婁，爲建卯二月，桃始華，倉庚鳴，鷹化爲鳩，玄鳥至，雷乃發聲，始電，凡六候。日躔大梁，爲建辰三月，桐始華，田鼠化爲鴽，虹始見，萍始生，鳴鳩拂其羽，戴勝降于桑，凡六候。日躔實沈，爲建巳四月，螻蟈鳴，蚯蚓出，王瓜生，苦菜秀，靡草死，麥秋至，凡六候。日躔鶉首，爲建午五月，螳螂生，鵙始鳴，反舌無聲，鹿角解，蜩始鳴，半夏生，凡六候。日躔鶉火，爲建未六月，溫風至，蟋蟀居壁，鷹始摯，腐草爲螢，土潤溽暑，大雨時行，凡六候。日躔鶉尾，爲建申七月，涼風至，白露降，寒蟬鳴，鷹乃祭鳥，天地始肅，禾乃登，凡六候。日躔壽星，爲建酉八月，鴻雁來，玄鳥歸，羣鳥養羞，雷始收聲，蟄蟲坯戶，水始涸，凡六候。日躔大火，爲建戌九月，鴻雁來賓，雀入大水爲蛤，菊有黃華，豺乃祭獸，草木黃落，蟄蟲咸俯，凡六候。日躔析木，爲建亥十月，水始冰，地始凍，雉入大水爲蜃，虹藏不見，天氣上升，地氣下降，閉塞而成冬，凡六候。日躔星紀，爲建子十一月，鶡鴠不鳴，虎始交，荔挺出，蚯蚓結，麋角解，水泉動，凡六候。日躔元枵，爲建丑十二月，雁北鄉，鵲始巢，雉雊，雞乳，征鳥厲疾，水澤腹堅，凡六候。每五度爲一候，按宮度推之卽得。

五星用數，推五星行，並同甲子元法，惟土星平行應減去三十分。

恆星用數，見天文志，推恆星法，同甲子元法。

紫氣用數，乾隆九年甲子天正冬至爲法元。癸亥年十一月冬至。

紫氣日行一百二十六秒，小餘七二〇七七七。

紫氣應七宮十七度五十分十四秒五十三微。

推紫氣法，求紫氣行，與日躔求平行法同。

求宿度，與太陽同。

清史稿卷五十一

志二十六

時憲七

雍正癸卯元法下

月食用數

朔策二十九日五三〇五九〇五三。

望策一十四日七六五二九五二六五。

太陰交周朔策一十一萬零四百一十三秒，小餘九二四四一三三四。

太陰交周望策六宮一十五度二十分零六秒五十八微。

中距太陰地半徑差五十七分三十秒。

太陽最大地半徑差一十秒。
中距太陽距地心一千萬。
中距太陰距地心一千萬。
中距太陽視半徑一十六分六秒。
中距太陰視半徑一十五分四十秒三十微。
朔應一十五日一二六三三。
首朔太陰交周應六宮二十三度三十六分五十二秒四十九微。餘見日躔、月離。

推月食法

求天正冬至，
求紀日，
求首朔，
求太陰入食限，並同甲子元法。視某月太陰平交周入可食之限，卽爲有食之月。交周自五宮十四度五十一分至六宮十五度九分，自十一宮十四度五十一分至初宮十五度九分，皆可食之限。再於實時距正交詳之。

求平望，同甲子元法。

求實望實時，先求泛時，用兩日實行較，同甲子元求朔望法。次設前、後兩時，各求日、月黃道實行。復用兩時實行較，得實望實時。又以實時各求日、月黃道實行，視本時月距正交入限爲有食。自五宮十七度四十三分至六宮十二度十七分，自十一宮十七度四十三分至初宮十二度十七分，皆有食之限。

求實望用時，用實時太陽均數及升度求法，同甲子元法。比視日出入亦同。

求食甚時刻，用平三角形，以一小時太陰白道實行化秒爲一邊，本時次時二實行較。一小時太陽黃道實行化秒爲一邊，實望黃白大距爲所夾之角，求得對小邊之角爲斜距交角差。以加實時黃白大距，爲斜距黃道交角。又以斜距交角差之正弦爲一率，一小時太陽實行爲二率，實望黃白大距之正弦爲三率，求得四率，爲一小時兩經斜距。又以半徑千萬爲一率，斜距黃道交角之餘弦、正弦各爲二率，實望月離黃道實緯爲三率，各求得四率，爲食甚實緯南北與實望黃道實緯同。及距弧。又以一小時兩經斜距爲一率，一小時化秒爲二率，食甚距弧爲三率，求得四率爲食甚距時。以加減實望用時，月距正交初宮、六宮爲減，五宮、十一宮爲加。得食甚時刻。

求太陽太陰實引，置實望太陽引數，加減本時太陽均數，得太陽實引。又置實望太陰引數，加減本時太陰初均數，得太陰實引。

求太陽太陰距地，用平三角形，以日躔倍兩心差爲對正角之邊，以太陽實引爲又一角，三宮內用本度，過三宮與六宮相減，過九宮與全周相減，用其餘。求得對太陽實引之邊爲勾。又求得對原不知角之邊爲分股，與二千萬相加減，實引三宮內九宮外加，三宮外九宮內減。爲股弦和與勾，求得股。與分股相加減，實引三宮內九宮外減，三宮外九宮內加。得太陽距地。又以實望月離倍兩心差如法求之，得太陰距地。

求實影半徑，以太陰距地爲一率，中距太陰距地爲二率，中距太陰最大地半徑差爲三率，求得四率爲本時太陰最大地半徑差。又以六十九除之，爲影差。又以太陽距地爲一率，中距太陽距地爲二率，中距太陽視半徑爲三率，求得四率爲太陽視半徑，與本時太陰最大地半徑差相減。又加太陽最大地半徑差，爲影半徑，又加影差，爲實影半徑。

求太陰視半徑，以太陰距地爲一率，中距太陰距地爲二率，中距太陰視半徑爲三率，求得四率，爲太陰視半徑。

求食分，以太陰全徑爲一率，十分化作六百秒爲二率，併徑實影視太陰兩半徑併。內減食甚實緯，餘化秒爲三率，求得四率爲秒，以分收之，卽食分。

求初虧、復圓時刻，以併徑與食甚實緯相加化秒爲首率，相減化秒爲末率，求得中率爲秒，以分收之，爲初虧、復圓距弧。又以一小時兩經斜距爲一率，一小時化秒爲二率，初虧、復圓距弧爲三率，求得四率爲初虧、復圓距時，以加減食甚時刻，得初虧、復圓時刻。減得初虧，加得復圓。

求食既、生光時刻，以兩徑較實影視太陰兩半徑相減之餘。與食甚實緯相加化秒爲首率，相減化秒爲末率，求得中率爲秒，以分收之，爲食既、生光距弧。求距時時刻，與初虧、復圓法同。食在十分以內，則無此二限。

求食限總時，同甲子元法。

求食甚太陰黃道經緯宿度，以一小時化秒爲一率，一小時太陰白道實行爲二率，食甚距時化秒爲三率，求得四率，爲距時月實行。以加減實望太陰白道實行，加減與食甚距時同。得食甚太陰白道經度。又置實望月距正交，加減距時月實行，得食甚月距正交。再求黃道經緯宿度，同月離。

求食甚太陰赤道經緯宿度，以半徑千萬爲一率，食甚太陰距春、秋分黃道經度正弦爲二率，食甚太陰黃道經度不及三宮者，與三宮相減；過三宮者，減三宮；過六宮者，與九宮相減；過九宮者，減九宮。食甚太陰黃道緯度餘切爲三率，求得四率爲餘切，檢表得太陰距二分弧與黃道交角，以加減黃赤大距，食甚太陰黃道經度九宮至三宮，緯南加，緯北減，皆在赤道南，反減則在北。三宮至九宮加減反是。爲太陰距二分弧與赤道交角。又以太陰距二分弧與黃道交角之餘弦爲一率，半徑千萬爲二率，食甚太陰距春、秋分黃道經度之正切爲三率，求得四率，爲太陰距二分弧之正切。又以半徑千萬爲一率，太陰距二分弧與赤道交角之餘弦爲二率，太陰距二分弧正切爲三率，求得四率爲正切，檢表爲距春、秋分赤道經度。加減三宮九宮，食甚太陰黃道經度不及三宮，與三宮相減，過三宮者加三宮。過六宮者，與九宮相減，過九宮者加九宮。得食甚太陰赤道經度。求緯度宿度，同甲子元法。

求初虧、復圓黃道高弧交角，以半徑千萬爲一率，黃赤大距正弦爲二率，影距春、秋分黃道經度正弦爲三率，求得四率爲正弦，檢表得影距赤道度。影距春、秋分度數與太陽同，太陽在赤道北，影在南，太陽在赤道南，影在北。又以影距春、秋分黃道經度餘弦爲一率，黃赤大距餘切爲二率，半徑千萬爲三率，求得四率爲正切，檢表爲黃道赤經交角。乃用弧三角形，以北極距天頂爲一邊，影距赤道與九十度相加減爲一邊，北則減，南則加。初虧、復圓各子正時刻過十二時者，與二十四時相減。變赤道度，各爲所夾之角，求得對北極距天頂之角。各爲赤經高弧交角，以加減黃道赤經交角，太陰在夏至前六宮，食在子正後則減，爲限西。食在子正前則加，加過九十度，與半周相減，爲限東。不及九十度，則不與半周相減，變爲限西。在夏至後六宮反是。各得黃道高弧交角。若食在子正，影在正午，無赤經高弧交角，則黃道赤經交角卽黃道高弧交角。太陰在夏至前爲限西，後爲限東。

求初虧、復圓併徑高弧交角，以併徑爲一率，食甚實緯爲二率，半徑千萬爲三率，求得四率爲餘弦，檢表爲併徑交實緯角。如無食甚實緯，卽無此角，亦無併徑黃道交角。又置九十度，加減斜距黃道交角，得初虧、復圓黃道交實緯角。食甚月距正交初宮、六宮，初虧減，復圓加。五宮、十一宮，初虧加，復圓減。各與併徑交實緯角相減，爲初虧、復圓併徑黃道交角。併徑交實緯角小，距緯南北與食甚同。大則反是。以加減黃道高弧交角，初虧限東，復圓限西，緯南加，緯北減。初虧限西，復圓限東，加減反是。各得併徑高弧交角。如無併徑黃道交角，則黃道高弧交角卽併徑高弧交角。

求初虧、復圓方位，卽以併徑高弧交角爲定交角，求法同甲子元。但以併徑高弧交角初度初虧在限東爲正下，限西爲正上；復圓在限東爲正上，限西爲正下。據京師北極高度定，與甲子元法同。

求帶食分秒，用兩經斜距，不用月距日實行，餘與甲子元法同。

求帶食方位，用帶食兩心相距，不用併徑求諸交角，如初虧、復圓定方位。食甚前與初虧同，食甚後與復圓同。

求各省月食時刻方位，理同甲子元法。

繪月食圖，同甲子元法。

日食用數

太陽光分一十五秒，餘見日躔、月離、月食。

推日食法

求天正冬至，

求紀日，

求首朔，

求太陰入食限，並同月食，惟不用望策，卽爲逐月朔太陰交周。視某月入可食之限，卽爲有食之月。交周自五宮八度四十二分至六宮九度一十四分，又自十一宮二十度四十六分至初宮二十一度一十八分，皆可食之限。

求平朔，

求實朔實時，並同月食求望法，惟不加望策。視本時月距正交入食限爲有食。自五宮十一度三十四分至六宮六度二十二分，又自十一宮二十三度三十八分至初宮十八度二十六分，爲有食之限。

求實朔用時，與月食求實望用時同。比視日出入，同甲子元法。

求食甚用時，與月食求食甚時刻法同。

求太陽太陰實引，

求太陽太陰距地，並同月食。

求地平高下差，先求本日太陰最大地半徑差，法同月食。乃減太陽最大地半徑差，得地平高下差。

求太陽實半徑，先求太陽視半徑，法同月食。內減太陽光分，得太陽實半徑。

求太陰視半徑，法同月食。

求食甚太陽黃道經度宿度，求經度與月食求太陰白道法同；求宿度同日躔。

求食甚太陰赤道經緯宿度，用黃赤大距，法同月食求太陰黃道。

求黃赤及黃白、赤白二經交角，以食甚太陽距春、秋分黃道經度餘弦爲一率，黃赤大距餘切爲二率，半徑千萬爲三率，求得四率爲餘切，檢表得黃赤二經交角。冬至後黃經在赤經西，夏至後在赤經東，如太陽在二至，則無此角。又以前所得斜距黃道交角，卽爲黃白二經交角。實朔月距正交初宮、十一宮，白經在黃經西；五宮、六宮，在黃經東。二交角相加減，爲赤白二經交角。二交角同爲東同爲西者相加，白經在赤經之東西仍之。一爲東一爲西者相減。東西從大角。如減盡，則無此角。如無黃赤二經交角，則黃白卽赤白，東西並同。

求用時太陽距午赤道度，以食甚用時與十二時相減，餘數變赤道度，得用時太陽距午赤道度。

求用時赤經高弧交角，用弧三角形，以北極距天頂爲一邊，太陽距北極爲一邊，赤緯在南，加九十度；在北，與九十度相減。用時太陽距午赤道度爲所夾之角，求得對北極距天頂之角，爲用時赤經高弧交角。午前赤經在高弧東，午後赤經在高弧西。若太陽在正午，則無此角。

求用時太陽距天頂，以用時赤經高弧交角正弦爲一率，北極距天頂之正弦爲二率，用時太陽距午赤道度之正弦爲三率，求得四率爲正弦，檢表得太陽距天頂。

求用時高下差，以半徑千萬爲一率，地平高下差化秒爲二率，用時太陽距天頂之正弦爲三率，求得四率爲秒，以分收之，爲用時高下差。

求用時白經高弧交角，以用時赤經高弧交角與赤白二經交角相加減，得用時白經高弧交角。東西同者相加，白經在高弧之東西仍之。一東一西者相減，東西從大角。如無赤白二經交角，或無赤經高弧交角，則卽以所有一角命之，東西並同。如二角俱無，或同度減盡，則無此角。食甚用時卽眞時。用時高下差與食甚實緯，南加北減，卽食甚兩心視相距。

求用時對兩心視相距角，月在黃道北，取用時白經高弧交角；月在黃道南，取用時白經高弧交角之外角，實距在高弧之東西，月在北則與白經同，在南則相反。皆爲用時對兩心視相距角。若白經高弧交角過九十度，緯南如緯北，緯北如緯南。

求用時對兩心實相距角，用平三角形，以食甚用時兩心實相距爲一邊，卽食甚實緯。用時高下差爲一邊，用時對兩心視相距角爲所夾之角，卽求得用時對兩心實相距角。

求用時兩心視相距，以用時對兩心實相距角之正弦爲一率，用時兩心實相距爲二率，用時對兩心視相距角之正弦爲三率，求得四率，卽用時兩心視相距。白經在高弧西，兩心視相距大於併徑者，或無食或未及等者，用時卽初虧眞時，在高弧東爲已過及復圓眞時。若小於併徑，高弧西爲初虧食甚之間，東爲復圓食甚之間。

求食甚設時，用時白經高弧交角東向前取，西向後取，角大遠取，角小近取，遠不過九刻，近或數分。量距用時前後若干分，爲食甚設時。

求設時距分，以食甚設時與食甚用時相減，得設時距分。

求設時距弧，以一小時化秒爲一率，一小時兩經斜距爲二率，設時距分化秒爲三率，求得四率，爲設時距弧。

求設時對距弧角，以食甚實緯爲一率，設時距弧爲二率，半徑千萬爲三率，求得四率爲正切，檢表得設時對距弧角。

求設時兩心實相距，以設時對距弧角之正弦爲一率，設時距弧爲二率，半徑千萬爲三率，求得四率，卽設時兩心實相距。

求設時太陽距午赤道度，

求設時赤經高弧交角，

求設時太陽距天頂，

求設時高下差，

求設時白經高弧交角，以上五條，皆與用時同，但皆用設時度分立算。

求設時對兩心視相距角，月在黃道北，以設時白經高弧交角與設時對距弧角相減，月在黃道南則相加，又與半周相減，餘爲設時對兩心視相距角。相減者，對距弧角小，實距在高弧之東西與白經同；對距弧角大則相反。相加又減半周者，實距在高弧之東西，恆與白經反。如兩角相等而減盡無餘，或相加適足一百八十度，則無交角，亦無對設時兩心實相距角，卽以設時高下差與設時兩心實相距相減，餘爲設時兩心視相距。若白經高弧交角過九十度，緯南如緯北，緯北如緯南。

求設時對兩心實相距角，

求設時兩心視相距，皆與用時同。

求設時白經高弧交角較，以設時白經高弧交角與用時白經高弧交角相減，卽得。

求設時高弧交用時視距角，以設時白經高弧交角較與用時對兩心實相距角相加減，卽得。緯北爲減，緯南爲加。若白經高弧交角過九十度，反是。

求對設時視行角，以設時高弧交用時視距角與設時對兩心實相距角相加減，卽得。兩實距同在高弧東，或同在西，則減；一東一西者，則加；加過半周者，與全周相減，用其餘。如無設時對兩心實相距角，設時高下差大於設時兩心實相距，則設時高弧交用時視距角卽對設時視行角；設時高下差小於設時兩心實相距，則以設時高弧交用時視距角與半周相減，餘爲對設時視行角。

求對設時視距角，用平三角形，以用時兩心視相距爲一邊，設時兩心視相距爲一邊，對設時視行角爲所夾之角，卽求得對設時視距角。

求設時視行，以對設時視距角之正弦爲一率，設時兩心視相距爲二率，對設時視行角正弦爲三率，求得四率，爲設時視行。

求眞時視行，以半徑千萬爲一率，對設時視距角餘弦爲二率，用時兩心視相距爲三率，求得四率，爲眞時視行。

求眞時兩心視相距。以半徑千萬爲一率，對設時視距角正弦爲二率，用時兩心視相距爲三率，求得四率，爲眞時兩心視相距。

求食甚眞時，以設時視行爲一率，設時距分爲二率，眞時視行爲三率，求得四率，爲眞時距分。以加減食甚用時，白經在高弧西則加，在高弧東則減。得食甚眞時。

求眞時距弧，

求眞時對距弧角，

求眞時兩心實相距，以上三條，法與設時同，但皆用眞時度分立算。

求眞時太陽距午赤道度，

求眞時赤經高弧交角，

求眞時太陽距天頂，

求眞時高下差，

求眞時白經高弧交角，

求眞時對兩心視相距角，

求眞時對兩心實相距角，

求考眞時兩心視相距，以上八條，法與用時同，但皆用眞時度分立算。

求眞時白經高弧交角較，法同設時，但用眞時度分立算。

求眞時高弧交設時視距角，法同設時，加減有異。月在黃道北，設時眞時兩實距在高弧東西同，惟白經異。設時白經高弧交角小則加，大則減。若白經亦同，反是。若兩實距一東一西，則皆相減。月在黃道南，設時交角小則加，大則減。如無設時對兩心實相距角，設時高下差大於設時兩心實相距，則眞時白經高弧交角較，卽眞時高弧交設時視距角；設時高下差小於設時兩心實相距，則以眞時白經高弧交角較與半周相減，餘爲眞時高弧交設時視距角。若白經高弧交角過九十度，緯南如緯北，緯北如緯南。

求對考眞時視行角，法同設時。如設時實距與高弧合，無東西者，設時高下差大於設時兩心實相距，則相減，小則加。如眞時白經高弧交角較與設時對兩心實相距角相等，而減盡無餘，則眞時對兩心實相距角，卽對考眞時視行角。或相加適足半周，則眞時對兩心實相距角與半周相減，卽對考眞時視行角。

求對考眞時視距角，

求考眞時視行，以上二條，法同設時，但用考眞時度分立算。

求定眞時視行，如定眞時視行與考眞時視行等，則食甚眞時卽爲定眞時。如或大或小，再用下法求之。

求定眞時兩心視相距，以上二條，法同眞時，用考眞時度分立算。

求食甚定眞時，以考眞時視行爲一率，設時距分與眞時距分相減餘爲二率，定眞時視行爲三率，求得四率，爲定眞時距分。以加減食甚設時，白經在高弧東，設時距分小則減，大則加。白經在高弧西，反是。得食甚定眞時。

求食分，以太陽實半徑倍之爲一率，十分爲二率，併徑內減定眞時兩心視相距餘爲三率，求得四率，卽食分。

求初虧、復圓前設時，白經在高弧西，食甚用時兩心視相距與併徑相去不遠，卽以食甚用時爲初虧前設時，小則向前取，大則向後取，量距食甚用時前後若干分，爲初虧前設時。與食甚定眞時相減，餘數與食甚定眞時相加，爲復圓前設時，白經在高弧東，先取復圓，後得初虧，理並同。

求初虧前設時距分，

求初虧前設時距弧，

求初虧前設時對距弧角，初虧前設時在食甚用時前爲西，在食甚用時後爲東。

求初虧前設時兩心實相距，以上四條，法同食甚設時，但用初虧前設時度分立算。

求初虧前設時太陽距午赤道度，

求初虧前設時赤經高弧交角，

求初虧前設時太陽距天頂，

求初虧前設時高下差，

求初虧前設時白經高弧交角，以上五條，法同食甚用時。

求初虧前設時對兩心視相距角，法同食甚用時，加減有異，月黃道北，二角東西同，則相加；一東一西，相減。月在黃道南，反是。又與半周相減。若白經高弧交角過九十度，則緯南、緯北互異。餘同食甚設時。

求初虧前設時對兩心實相距角，

求初虧前設時兩心視相距，以上二條，法同食甚用時，但用初虧前設時度分立算。

求初虧後設時，視初虧前設時兩心視相距小於併徑，則向前取，大則向後取，察其較之多寡，量取前後若干分，爲初虧後設時。以下逐條推算，皆與前設時同，但用後設時度分立算。

求初虧視距較，以前後設時兩心視相距相減，即得。

求初虧設時較，以前後設時距分相減，即得。

求初虧視距併徑較，以初虧後設時兩心視相距與併徑相減，即得。

求初虧定眞時，以初虧視距較爲一率，初虧設時較爲二率，初虧視距併徑較爲三率，求得四率，爲初虧眞時距分。以加減初虧後設時，後設時兩心視相距大於併徑爲加，小爲減。得初虧眞時。乃以初虧眞時依前法求其兩心視相距，果與併徑等，則初虧眞時即初虧定眞時。初虧眞時對兩心實相距角即初虧方位角。如或大或小，則以初虧前後設時兩心視相距與併徑尤近者，與考眞時兩心視相距相較，依法比例，得初虧定眞時。

求復圓前設時諸條，法同初虧，但用復圓前設時度分立算。

求復圓後設時，視復圓前設時兩心視相距小於併徑，則向後取，大於併徑，則向前取，察其較之多寡，量取前後若干分，爲復圓後設時。逐條推算，皆與前設時同，但用後設時度分立算。

　求復圓視距較，

　求復圓設時較，

　求復圓視距併徑較，

　求復圓定眞時，以上四條，皆與初虧法同，但用復圓度分立算。

　求食限總時，置初虧定眞時，減復圓定眞時，卽得。

　求初虧、復圓定交角，初虧白經在高弧之東，以初虧方位角與半周相減，在高弧之西，卽用初虧方位角；復圓反是：皆爲定交角。

　求初虧、復圓方位，法與甲子元同，但以定交角初度初虧白經在高弧東爲正上，在西爲正下；復圓在東爲正下，在西爲正上。

　求帶食用日出入分，同甲子元法。

　求帶食距時，以日出入分與食甚用時相減，卽得。

　求帶食距弧，法同食甚設時，但用帶食距時立算。

　求帶食赤經高弧交角，以黃赤距緯之餘弦爲一率，北極高度之正弦爲二率，半徑千萬爲三率，求得四率爲餘弦，檢表得帶食赤經高弧交角。

求帶食白經高弧交角，法與食甚用時同，但用帶食度分立算。
求帶食對距弧角，
求帶食兩心實相距，
求帶食對兩心視相距角，以上三條，法與食甚設時同，但用帶食度分立算。
求帶食對兩心實相距角，用地平高下差，餘法同食甚用時。
求帶食兩心視相距，法同食甚用時，但用帶食度分立算。
求帶食分秒，與求食分同，用帶食相距立算。
求帶食方位，在食甚前者，用初虧法；在食甚後者，用復圓法。
求各省日食時刻方位，理同甲子元法。
繪日食圖，同甲子元法。
繪日食坤輿圖，取見食極多之分，每分爲一限。止於二十一限。又取見食時刻早晚，每刻爲一限。止於九十六限。交錯相求，反推得見食各地北極高下度、東西偏度。乃按度聯爲一圖。又按坤輿全圖所當高度偏度各地名，逐一塡註。
相距用數，見月離及五星、恆星行。

推相距法，同甲子元推淩犯法。

甲子元及癸卯元二法，除本法外，皆有用表推算之法，約其大旨著於篇。

推步用表

甲子元法：

一曰年根表，以紀年、紀日、值宿爲綱，由法元之年順推三百年，各得其年天正冬至次日子正太陽及最卑平行，列爲太陽年根表；太陰及最高、正交平行，列爲太陰年根表；五星及最高、正交、伏見諸平行，爲各星年根表。

一曰周歲平行表，以日數爲綱，由一日至三百六十六日，積累日、月、五星及最卑、最高、正交、伏見諸平行，各列爲周歲平行表。

一曰周日平行表，以時分秒爲綱，與度分秒對列三層，自一至六十，積累日、月、五星及最高、正交、伏見、月距日、太陰引數、交周諸平行，各列爲周日平行表。

一曰均數表，以引數爲綱，豫推得逐度逐分盈縮遲疾，備列於表。太陰別有二三均數表，以引數及月距日爲綱，縱橫對列，推得二三均數，備列於表。土、木、金、水四星，則以初均及中分、次均及較分，同列爲一表。火星則以初均及次輪心距地數、次輪半徑本數、太陽高卑差數，同列爲一表。皆爲均數表。

一曰距度表，以黃道宮度爲綱，列所對赤道南北距緯，爲黃赤距度表。以月距正交爲綱，分黃白大距爲六限，列所對黃道南北距緯，爲黃白距度表。

一曰升度表，以黃道宮度爲綱，列所對赤道度，爲黃赤升度表。

一曰黃道赤經交角表，以黃道宮度爲綱，取所對黃道赤經交角列於表。

一曰升度差表，以月、五星距交宮度爲綱，各列所當黃道度之較，各爲升度差表。

一曰時差表，以黃道爲綱，取所當赤道度之較變時，列爲升度時差表。又以引數爲綱，取所當均數變時，列爲均數時差表。

一曰地半徑差表，以實高度爲綱，取所當太陽、太陰及火、金、水三星諸地半徑差，各列爲表。

一曰清蒙氣差表，以實高度爲綱，取所當清蒙氣差，列爲表。

一曰實行表，以引數爲綱，取所當太陽、太陰及月距日實行，各列爲表。

一曰交均距限表，以月距日爲綱，取所當之交均及距限，同列爲一表。

一曰首朔諸根表，以紀年、紀日、値宿爲綱，由法元之年順推三百年，取所當之首朔日時分秒及太陽平行，太陽、太陰引數，太陰交周，五者同列爲一表。

一曰朔望策表，以月數爲綱，自一至十三，取所當之朔、望策及太陽平行朔、望策，太陽、太陰引數朔、望策，太陰交周朔、望策，十事同列爲一表。

一曰視半徑表，以引數爲綱，取所當之日半徑、月半徑、月距地影半徑、影差，五者同列爲一表。

一曰交食月行表，以食甚距緯分爲綱，自初分至六十四分，與太陽、太陰、地影，凡兩半徑之和分，自二十五分至六十四分，縱橫對列，取所當之月行分秒列爲表。其太陰、地影兩半徑之較分與和分同用。

一曰黃平象限表，以正午黃道宮度爲綱，分北極高自十六度至四十六度爲三十一限，取所當之春分距午、黃平象限、限距地高，三者同列爲一表。

一曰黃道高弧交角表，以日距限爲綱，自初度至九十度，分限距地高自二十度至八十九度爲七十限，取所當之黃道高弧交角列爲表。

一曰太陽高弧表，列法與黃道高弧交角表同。

一曰東西南北差表，以交角度爲綱，自初度至九十度，與高下差一分至六十三分，縱橫對列，取所當之東西差及南北差，同列爲表。

一曰緯差角表，以併徑爲綱，自三十一分至六十四分，與距緯一分至六十四分，縱橫對列，取所當之緯差角列爲表。

一曰星距黃道表，以距交宮度爲綱，取所當星距黃道數各列爲表，水星獨分交角自四度五十五分三十二秒至六度三十一分二秒爲二十限。

一曰星距地表，以星距日宮度爲綱，取所當之星距地列於表。

一曰水星距限表，以距交宮度爲綱，取所當之距限列爲表。

一曰五星伏見距日黃道度表，以星行黃道經表爲綱，分晨夕上下列之，取各星所當距日黃道度，同列爲一表。

一曰五星伏見距日加減差表，列法同黃道度表，但不分五星，別黃道南北自一度至八度。

癸卯元法所增：

一曰太陽距地心表，以太陽實引爲綱，取所對之太陽距地心眞數對數，並列於表。

一曰太陰一平均表，以太陽引數爲綱，取所當之太陰一平均、最高平均、正交平均，並列於表。

一曰太陰二平均表，以日距月最高宮度爲綱，取所當太陽在最高之二平均及高卑較秒，並列於表。

一曰太陰三平均表，以月距正交宮度爲綱，取所當之三平均列爲表。

一曰太陰最高均及本天心距地表，以日距月天最高宮度爲綱，取所當最高均及本天心距地數，並列於表。

一曰太陰二均表，以月距日宮度爲綱，取所當太陽在最高時二均及高卑較數，並列於表。

一曰太陰三均表，以相距總數爲綱，取所對之三均列於表。

一曰太陰末均表，以實月距日宮度爲綱，與日月最高相距，縱橫對列，取所當之末均列爲表。

一曰太陰正交實均表，以日距正交宮度爲綱，取所對之正交實均列爲表。

一曰交角加分表，以日距正交宮度爲綱，取所當之距交加分加差，並列於表。

一曰黃白距緯表，列法與升度差表同。

一曰太陰距地心表，以太陰實引爲綱，取所當最大、最小兩心差各太陰距地心數及倍分，並列於表。其名同而實異者，太陰初均表分大、中、小三限，黃、白升度差表列最小交角及大、小較秒，太陰地半徑差表、太陰實行表俱分大、小二限。

清史稿卷五十二

志二十七

時憲八

凌犯視差新法上道光中，欽天監秋官正司廷棟所撰，較舊法加密，附著卷末，以備參考。

求用時

推諸曜之行度，皆以太陽爲本；而太陽之實行，又以平行爲根。其推步之法，總以每日子正爲始，此言子正者，乃爲平子正，卽太陽平行之點臨於子正初刻之位也。今之推步時刻，雖以兩子正之實行爲比例，而所得者亦皆平行所臨之點，則實行所臨之點，自有進退之殊。設太陽在最卑後實行大於平行，則太陽所臨之點必在平行之東，以時刻而言，乃爲未及。若太陽過最高後實行小於平行，則太陽所臨之點必在平行之西，以時刻而言，乃爲已過。故以應加之均數變時爲應減之時差，應減之均數變時爲應加之時差，此因太陽有平行實行之別，以生均數時差也。然太陽所行者黃道，時刻所據者赤道，因黃道與赤道斜交，則同升必有差度。如二分後赤道小於黃道，其差應減，在時刻爲未及。二至後赤道大於黃道，其差應加，在時刻爲已過。故以正弧三角形法求得黃赤升度差，變爲時分，二分後爲加，二至後爲減，此因經度有黃道赤道之分，以生升度時差也。按本時之日行自行所生之二差，各加減於平時而得用時，由用時方可以推算他數，故交食亦必以推用時爲首務，卽日月食之第一求也。其法理圖說已載於考成前編，講解最詳，其圖分而爲二，且均數時差圖係用小輪。至考成後編求均數改爲橢圓法，其法理亦備悉於求均數篇內，然未言及時差。今依太陽實行所臨黃道之點，以均數之分取得黃道上平行點，卽以平實二點依過二極、二至經圈作距等圈法，引於赤道，可使二差合爲一圖。其太陽之經度所臨之時刻及二時差之加減，皆可按圖而稽矣。

如道光十二年壬辰三月初六日癸丑戌正二刻十一分，月與司怪第四星同黃道經度，是爲淩犯時刻。本日太陽引數三宮三度五十五分，太陽黃道經度三宮十五度五十三分，求用時。如圖甲爲北極，乙丙丁戊爲赤道，乙甲丁爲子午圈，乙爲子正，丁爲午正，己庚辛壬爲黃道，丙甲戊爲過二極二至經圈，己爲冬至，辛爲夏至，庚爲春分，壬爲秋分。子爲太陽實行之點，當赤道於丑，則丑點卽太陽實臨之用時。卯爲太陽平行之點，而當赤道於辰。其卯子之分，即應加之均數一度五十五分四十五秒，試自卯子二點與丙甲戊過極至經圈平行作卯午、子未二線，即如距等圈，將太陽平行、實行之度皆引於赤道，則庚午必與庚卯等，庚未必與庚子等，其赤道之午未亦必與卯子均數等。變時得七分四十三秒，爲赤道午未

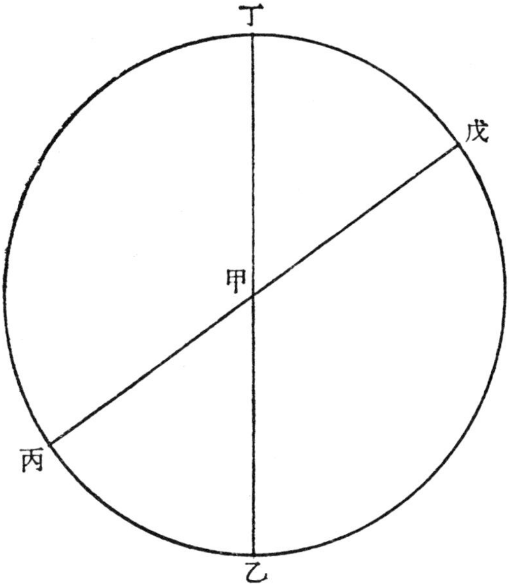

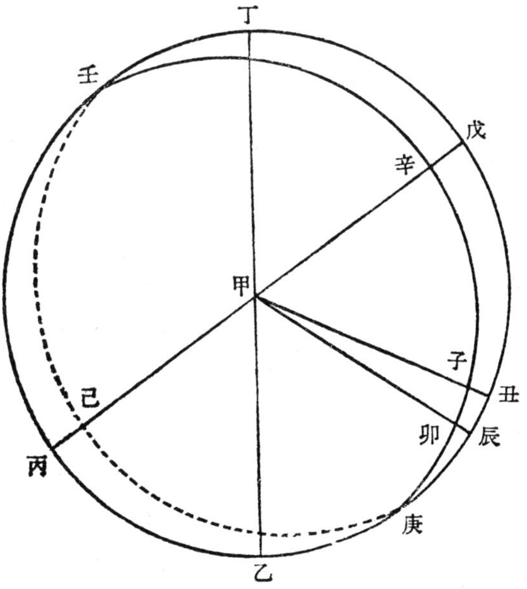

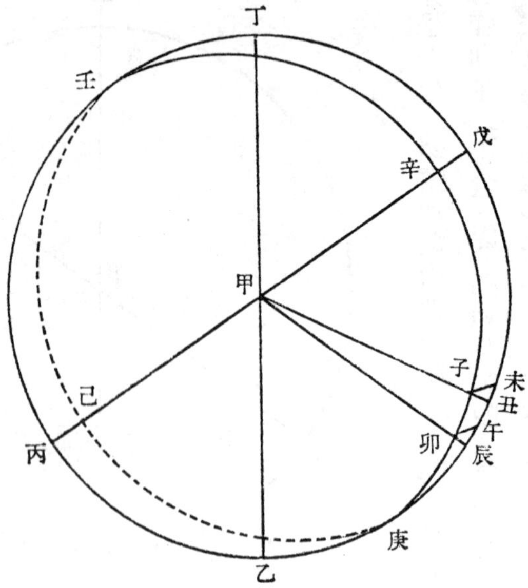

之分，即均數時差也。次用庚丑子正弧三角形求庚丑弧，此形有丑直角，有庚角黃赤交角二十三度二十九分，有庚子弧太陽距春分後黃道度十五度五十三分。乃以半徑爲一率，庚角之餘弦爲二率，庚子弧之正切爲三率，求得四率爲庚丑弧之正切，檢表得庚丑弧十四度三十七分三十六秒，爲太陽距春分後赤道度。乃與庚子黃道弧相等之庚未弧相減，得丑未弧一度十五分二十四秒，爲應減之黃赤升度差。變時得五分二秒，即升度時差也。蓋太陽平行卯點，距春分之庚卯弧與庚午弧等，則午點乃爲平時，即今之凌犯時刻。而太陽實行子點，距春分之庚子與庚未弧等，則午未爲平行與實行之差。如以太陽右旋而言之，爲實行已過平行，然以隨天左旋而計之，爲實行未及平行，是未點轉早於午點，故必減午未均數時差，乃得未點時刻，此太陽在黃道虛映於赤道之時刻也。

一率　半徑
二率　庚角餘弦
三率　庚子弧正切
四率　庚丑弧正切

然子點太陽實當赤道之丑，則丑未爲黃道與赤道之差。若以經度東行而言之，爲赤道未及黃道，茲以時刻西行而計之，爲赤道已過黃道，是丑點復遲於未點，故必加丑未升度時差，方得丑點時刻，卽太陽在黃道實當於赤道之時刻也。其兩時差既爲一加一減，而所減者又大於應加之分，故先以兩時差相減，得丑午時分二分四十一秒，而爲時差總。此因兩時差加減異號故相減，若同號則相加，所謂兩數通爲一數也。又因減數大於加數，故仍從減，若加數大者則從加矣。乃減於午點淩犯時刻戌正二刻十一分，卽得丑點戌正二刻八分十九秒，爲淩犯用時也。

又設淩犯時刻丑正一刻，太陽引數三宮十三度二十九分，黃道實行三宮二十五度三十四分，求用時。如子爲太陽實行之點，當赤道於丑，其丑點卽所臨之用時。卯爲太陽平行之點，當赤道於辰，其子卯爲應加之均數一度五十二分二十五秒，亦自卯子二點與過極至經圈平行作卯

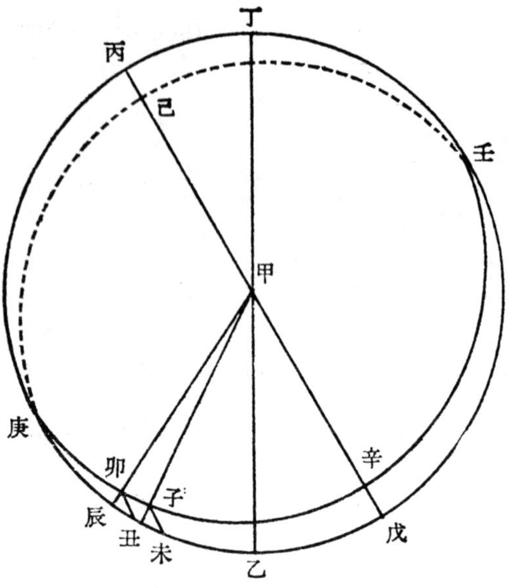

丑、子未二距等圈，其平行卯點映於赤道，恰與實行當赤道之丑點合，是由平行所得之時刻，已合實行實臨赤道之用時，遇此可無庸求其時差也。然何以知之，蓋兩時差之數相等，必減盡無餘，卽無時差之總數矣。今試按法求之，旣作卯丑、子未二線，其庚丑與庚卯等，庚未與庚子等，則丑未必與卯子均數等，變時得七分三十秒，卽赤道上應減之均數時差。次用

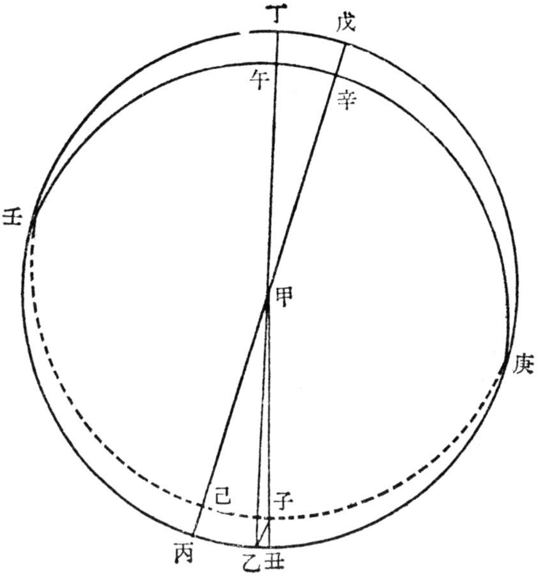

庚丑子正弧三角形，求得庚丑弧赤道度，與庚子弧黃道度相等之庚未弧相減，得丑未弧，黃赤升度差恰與均數等。變時亦得七分三十秒，即赤道上應加之升度時差。其時差一爲加、一爲減，而兩數相等，乃減盡無餘，既無時差之總數，則其淩犯時刻即爲用時可知矣。此法以丑點淩犯時刻減去均數時差，得未點實行虛映之時刻，而復加相等之升度時差，所得用時，固仍在丑點之位，蓋因太陽平行距春分後黃道度等於太陽實行距春分後赤道度故也。又如太陽正當本天之最卑或最高，乃

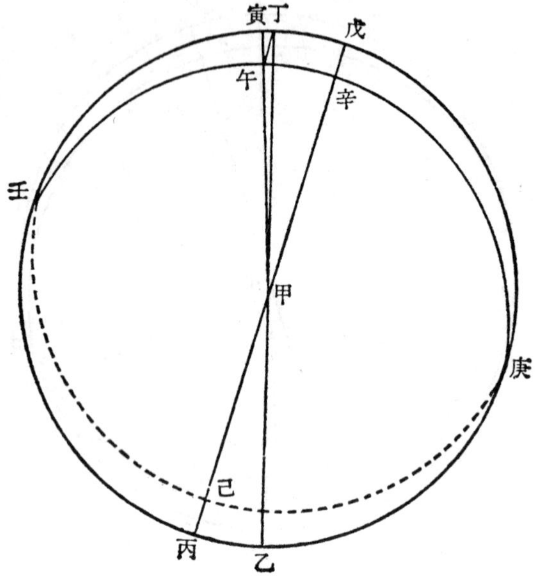

無平行實行之差，自無均數時差，止加減升度時差一數。設太陽當本天最卑，又當子正，如太陽在黃道之子點，則庚乙與庚子等，以庚丑子正弧形求得丑乙黃赤升度差。變時減於乙點時刻，卽得丑點用時，乃在乙點子正之前也。若太陽當本天最高，又當午正，如太陽在黃道之午點，則壬丁與壬午等，以壬寅午正弧形求得寅丁黃赤升度差，變時減於丁點時刻，卽得寅點用時，乃在丁點午正之前也。

又如太陽實行正當冬、夏至或正當春、秋分，此四點皆無黃道赤道之差，自無升度時差，止加減均數時差一數。設太陽實行六宮初度爲正當夏至，在黃道之辛點，當赤道於戊，而平行卯點，當赤道於辰，自卯點與丙甲戊過極至經圈平行作卯午距等圈，則午點爲凌犯時刻，其戊午與辛卯均數等，變時得均數時差。減於午點而得戊

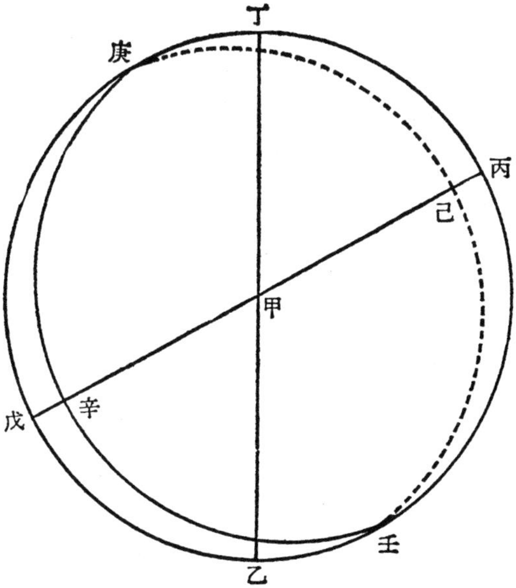

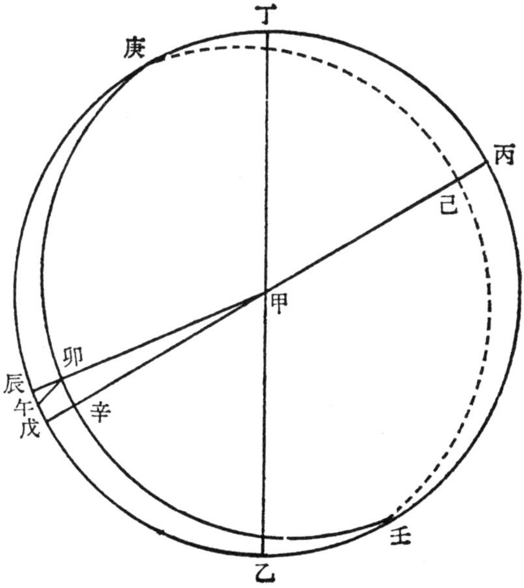

點，即用時也。

求春分距午時分、黃平象限宮度及限距地高

推算太陰凌犯視差，固依後編求日食三差之法，而其爲用不同。蓋日食之東西差爲求視距弧，而南北差爲求視緯，其視距弧、視緯則爲求視相距及視行之用。緣太陰行於白道，是必以白平象限爲準焉。若五星之距恆星、五星之互相距，皆以黃道同經度之時爲相距時刻，而較黃緯南北相距之數爲其上下之分也。至月距五星、月距恆星，亦皆以黃道經度相同之時爲凌犯時刻，不更問白道經度，其於白平象限又何與焉？然其以東西差定視時之進退，以南北差判視緯之大小，以定視距之遠近者，其差皆黃道經緯之差，故必以黃平象限之宮度爲準。黃平象限者，地平上黃道半周適中之點也。顧黃道與赤道斜交，地平上赤道半周適中之點，恆當子午圈，而地平上黃道半周適中之點，則時有更易。蓋黃極由負黃極圈每日隨天左旋，繞赤極一周，如黃極在赤極之南，則冬至當午正，其黃道斜升斜降；若黃極在赤極之北，則夏至當午正，其黃道正升正降，而黃平象限亦皆恰當子午圈；設黃極在赤極之西，則春分當午正，其黃道之勢斜倚，出自東北而入西南，黃平象限乃在午正之東；設黃極在赤極之東，則秋分當午正，其黃道出自東南而入西北，黃平象限乃在午正之西。是則黃道之向，隨時不同，故以黃道之逐度，推求黃平象限及限距地高以立表。

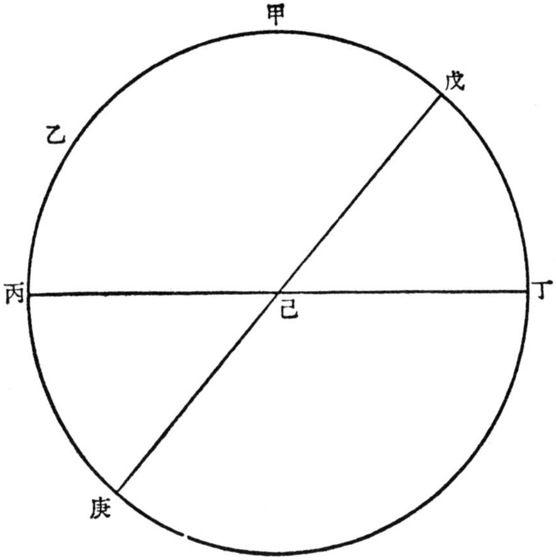

先設太陽正當春分點，黄道實行爲三宮初度，求午正初刻黄平象限宫度及限距地高度分。如圖甲乙丙丁爲子午圈，甲爲天頂，丙丁爲地平，乙爲北極，乙丙爲京師北極出地，高三十九度五十五分，戊己庚爲赤道，交於地平之己點，其戊點當午正，爲地平上赤道半周適中之點，戊丁爲赤道距地高五十度五分，當戊己丁角，辛子壬爲負黄極圈，子爲黄極，乙子己丑爲過極至經圈，戊丑庚爲黄道，而交地平於寅點，庚爲秋分，丑爲冬至，戊爲春分，卽太陽之所在，臨於午正，乃無春分距午之時分。試自黄極子點出弧線過天頂作子甲卯黄道經圈，爲本時黄平象限，其

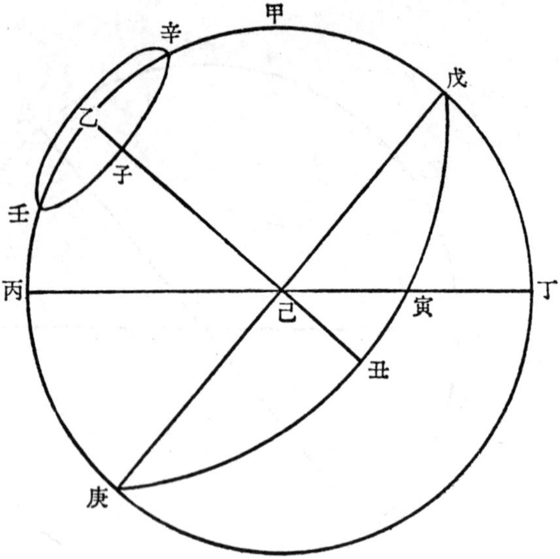

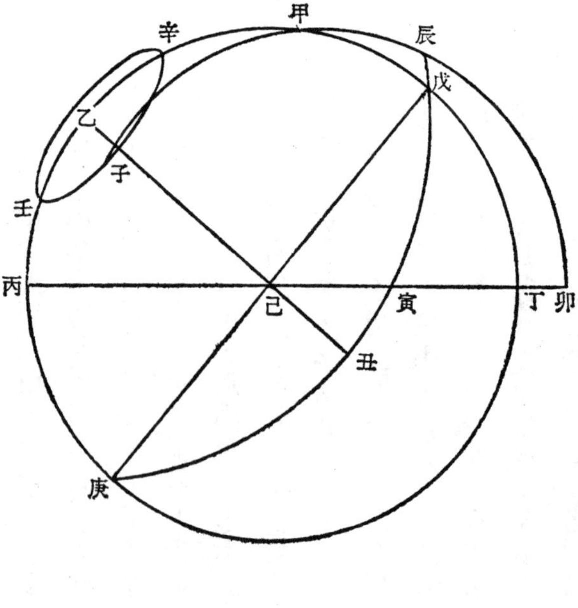

辰點爲地平上黃道半周適中之點，而在正午之東，卽黃平象限宮度也。辰寅卯角爲黃道與地平相交之角，而當辰卯弧，卽本時限距地高之度也。法用戊辰甲正弧三角形求戊辰、甲辰

一率　半徑
二率　戊角餘弦
三率　戊甲弧正切
四率　戊辰弧正切

一率　半徑
二率　戊角正弦
三率　戊甲弧正弦
四率　甲辰弧正弦

二弧，此形有辰直角，有戊甲弧赤道距天頂，與乙丙北極高度等。以赤道交子午圈之戊直角九十度內減己戊丑角黃赤交角二十三度二十九分，得寅戊丁角六十六度三十一分，爲黃道交子午圈角；亦名黃道赤經交角。與辰戊甲角爲對角，其度等。乃以半徑爲一率，戊角黃道赤經交角之餘弦爲二率，戊甲弧赤道距天頂，亦卽太陽距天頂其正切爲三率，求得四率，爲黃平象限距午之正切，檢表得十八度二十六分十四秒，爲戊辰弧黃平象限距午正之黃道度。與戊點春分三宮相加，因黃平象限在午東，故加。得辰點三宮十八度二十六分十四秒，卽本時黃平象限之經度也。又以半徑爲一率，戊角黃道赤經交角之正弦爲二率，戊甲弧太陽距天頂之正弦爲三率，求得四率，爲黃平象限距天頂之正弦，檢表得三十六度三分九秒，爲甲辰弧黃平象限距天頂。與甲卯象限九十度相減，得辰卯弧五十三度五十六分五十一秒，卽本時限距地高，而當辰寅卯角之度也。

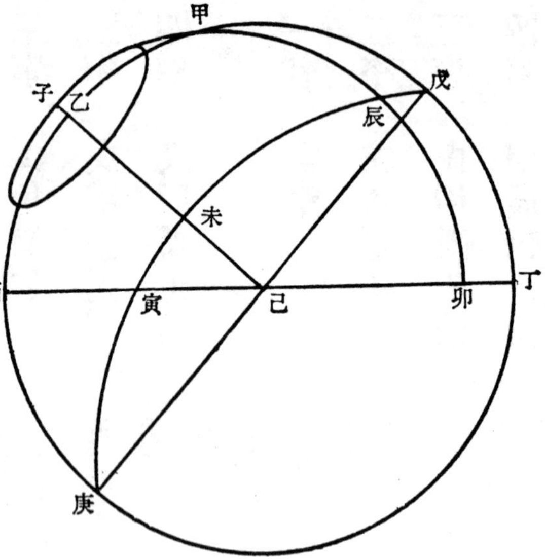

又設太陽正當秋分點，黃道實行爲九宮初度，求午正初刻春分距午時分並黃平象限及限距地高，卽以秋分當於正午之戊，則庚未戊爲黃道，交地平於寅，庚爲春分，未爲夏至，子乙未己爲過極至經圈，亦自黃極子點出弧綫過天頂，作子甲卯弧黃平象限，而地平上黃道適中之辰點，在正午之西。先以春分距午西之庚戊赤道半周變十二時爲春分距午之時分，次仍用戊辰甲正弧三角形求戊辰、甲辰二弧，此形有辰直角，有戊甲赤道距天頂。以戊直角內減己戊未角黃赤交角，得辰戊甲角黃道赤經交角，亦六十六度三十一分，求得戊辰弧黃平象限距午正之黃道度，亦十八度二十六分十四秒。與戊點秋分九宮相減，因黃平象限在午西，

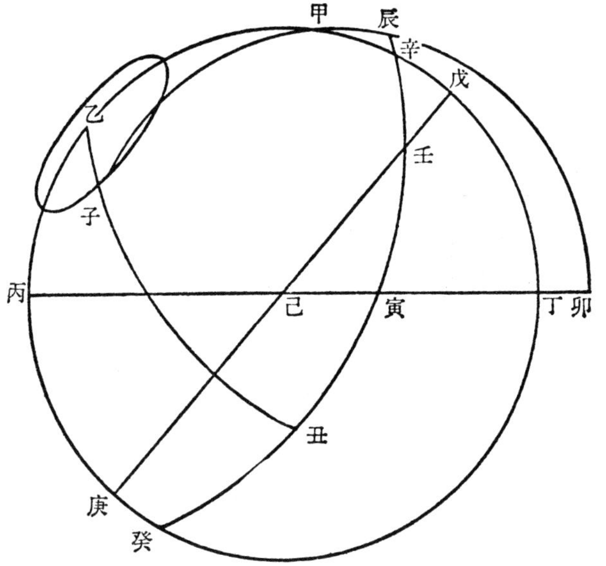

故減。得辰點八宮十一度三十三分四十六秒，卽本時黃平象限之經度。又求得甲辰弧與甲卯象限相減，得辰卯弧，亦爲五十三度五十六分五十一秒，卽本時限距地高，而當辰寅卯角之度也。

又設太陽距春分後三十度，黃道實行爲四宮初度，求午正初刻黃平象限諸數。乃以黃道經度四宮初度當午正如辛點，卽太陽之所在，辛壬癸爲黃道，交地平於寅。丑爲冬至，壬爲春分，乙子丑爲過極至經圈。仍自黃極子點過天頂甲點作子甲卯弧黃平象限，其黃道適中之辰點，在午正之東。求法先用辛戊壬正弧三角形求壬戊、辛戊二弧及壬辛戊角，此形有戊直角，有壬角黃赤交角，有壬辛太陽距春分後黃道弧

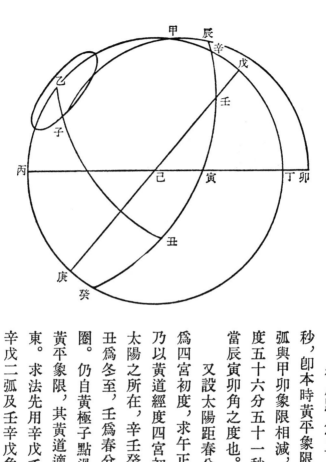

一率　半徑
二率　壬角餘弦
三率　壬辛弧正切
四率　壬戊弧正切

一率　半徑
二率　壬角正弦
三率　壬辛弧正弦
四率　辛戊弧正弦

一率　壬辛弧餘弦
二率　壬角餘切
三率　半徑
四率　辛角正切

三十度。乃以半徑爲一率，黃赤交角之餘弦爲二率，黃道弧之正切爲三率，求得四率，爲赤道弧之正切，檢表得二十七度五十四分一十秒，爲壬戊弧赤道同升度，亦卽本時春分距午後赤道度。變時得一時五十一分三十七秒，卽本時春分距午時分。又以半徑爲一率，黃赤交角之正弦爲二率，黃道弧之正弦爲三率，求得四率，爲黃赤距度之正弦，檢表得十一度二十九分三十三秒，爲辛戊弧太陽距赤道北緯度。又以黃道弧之餘弦爲一率，黃赤交角之餘切爲二率，半徑爲三率，求得四率，爲黃道交子午圈角之正切，檢表得六十九度二十二分五十一秒，爲壬辛戊角黃道交子午圈角，卽黃道赤經交角。次用辛辰甲正弧三角形求辛辰、甲辰二弧，此形有辰直角，有辛角，與壬辛戊角爲對角，其度等。以甲戊弧赤道距天頂內減辛戊黃赤距度，得甲辛弧二十八度二十五分二十七

一率　半徑
二率　辛角餘弦
三率　甲辛弧正切
四率　辛辰弧正切

一率　半徑
二率　辛角正弦
三率　甲辛弧正弦
四率　甲辰弧正弦

秒，爲本時太陽距天頂。乃以半徑爲一率，辛角黃道赤經交角之餘弦爲二率，甲辛弧太陽距天頂之正切爲三率，求得四率，爲黃平象限距午之正切，檢表得十度四十七分二十八秒，爲辛辰弧黃平象限距午正之黃道度。與辛點四宮初度相加，因黃平象限在午東，故加。得辰點四宮十度四十七分二十八秒，卽本時黃平象限之經度也。又以半徑爲一率，辛角黃道赤經交角之正弦爲二率，甲辛弧太陽距天頂之正弦爲三率，求得四率，爲黃平象限距天頂之正弦，檢表得二十六度二十七分二十秒，爲甲辰弧黃平象限距天頂。與甲卯象限九十度相減，得辰卯弧六十三度三十二分四十秒，爲本時限距地高，卽當辰寅卯角之度也。

又設太陽距秋分前三十度，黃道實行爲八宮初度，求午正初刻黃平象限諸數。乃以辛點太陽實行

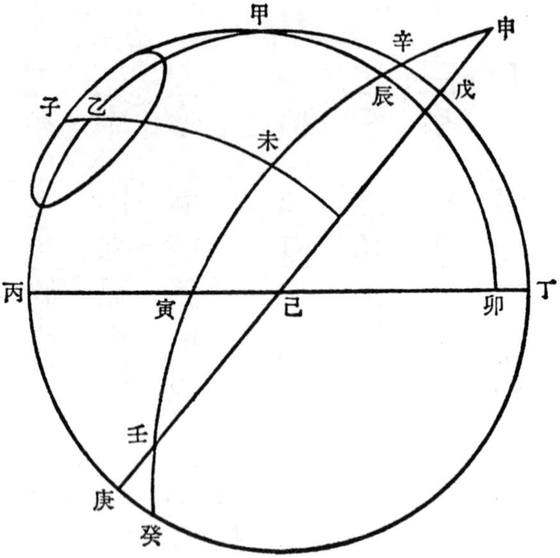

當正午，其申點爲秋分，而在午東，壬爲春分，未爲夏至，子乙未爲過極至經圈，亦自黃極子點過天頂，作子甲卯弧本時黃平象限，而在午西。法用辛戊申正弧三角形，此形戊爲直角，申角爲黃赤交角，申辛黃道弧亦爲三十度，求得申戊赤道同升度，亦爲二十七度五十四分一十秒。乃與壬申赤道之半周相減，得壬戊弧五宮二度五分五十秒，爲本時春分距午後赤道度。變時得十時八分二十三秒，卽本時春分距午時分也。次用辛辰甲正弧三角形，辰爲直角，其辛角黃道赤經交角及甲辛弧太陽距天頂，皆與前圖之度等。求得辛辰弧黃平象限距午正黃道度，亦爲十度四十七分二十八秒。與辛點八宮初度相減，因黃平象限在午西，故減。得

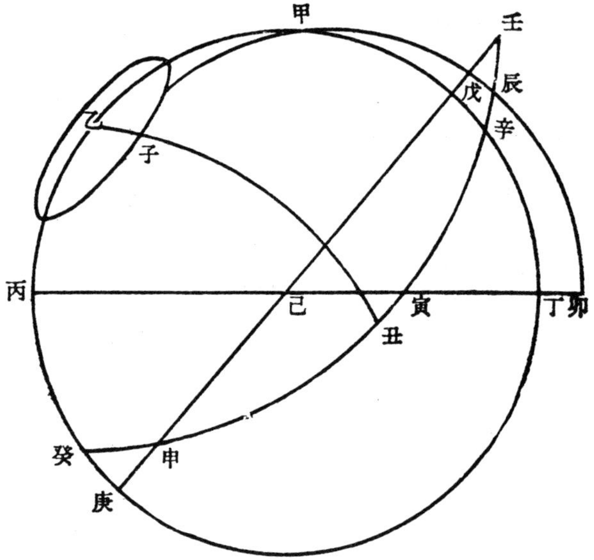

辰點七宮十九度十二分三十二秒，卽本時黃平象限之經度。又求得甲辰弧與甲卯象限相減，得辰卯弧，亦爲六十三度三十二分四十秒，卽本時限距地高，亦當辰寅卯角之度也。

又設太陽當正午實行距春分前三十度爲二宮初度，乃以辛點太陽當午正，則春分壬點在午正之東，申爲秋分，丑爲冬至，乙子丑爲過極至經圈，其子甲卯本時黃平象限亦在午正之東。法用辛戊壬正弧三角形，有戊直角，有壬角黃赤交角，有壬辛黃道弧三十度。求得壬戊赤道弧，亦爲二十七度五十四分一十秒。乃與赤道全周相減，得十一宮二度五分五十秒，爲本時春分距午後赤道度。變時得二十二時八分二十

一率　半徑
二率　辛角餘弦
三率　甲辛弧正切
四率　辛辰弧正切

一率　半徑
二率　辛角正弦
三率　甲辛弧正弦
四率　甲辰弧正弦

三秒，卽本時春分距午時分也。又求得辛戊弧亦爲十一度二十九分三十三秒，爲太陽距赤道南緯度，並求得壬辛戊角亦爲六十九度二十二分五十一秒，爲本時黃道赤經交角。次用辛辰甲正弧三角形，此形有辰直角，有辛角，以甲戊赤道距天頂與辛戊黃赤距度相加，得甲辛弧太陽距天頂五十一度二十四分三十三秒。乃以半徑爲一率，辛角之餘弦爲二率，甲辛弧之正切爲三率，求得四率，爲黃平象限距午之正切，檢表得二十三度四十八分四十秒，卽辛辰弧黃平象限距午正之黃道度。與辛點二宮初度相加，得辰點二宮二十三度四十八分四十秒，卽本時黃平象限之經度也。又以半徑爲一率，辛角之正弦爲二率，甲辛弧之正弦爲三率，求得四率，爲甲辰弧黃平象限距天頂之正弦，檢餘弦表得四十二度五十九分一秒，卽卯辰弧本時限距地高之度也。

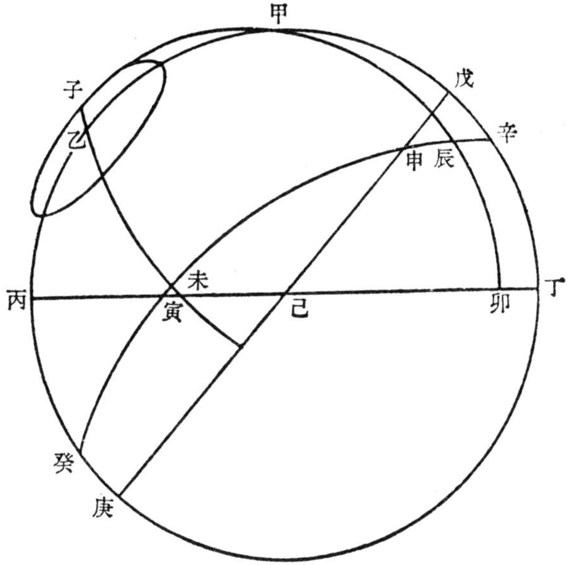

又設太陽當午正實行距秋分後三十度爲十宮初度，乃以辛點太陽當午正，則申點秋分在午正後，而春分必在午正前，未爲夏至，子乙未爲過極至經圈，其子甲卯本時黄平象限在午正之西。　求法仍用辛戌申正弧三角形，此形邊角之度與前圖之辛戌壬形同，惟申戌弧所變之一時五十一分三十七秒，乃秋分距午後之時分，是以加赤道半周之十二時，得十三時五十一分三十七秒，始爲本時春分距午時分也。　次用辛辰甲正弧三角形，此形邊與角之度亦與前圖之辛辰甲形同，惟因辰點在辛點之西，是以十宮初度內減辛辰弧二十三度四十八分四十秒，得九宮六度十一分二十秒，卽本時黄平象限之經度。　其辰卯弧限距地高四十二度五

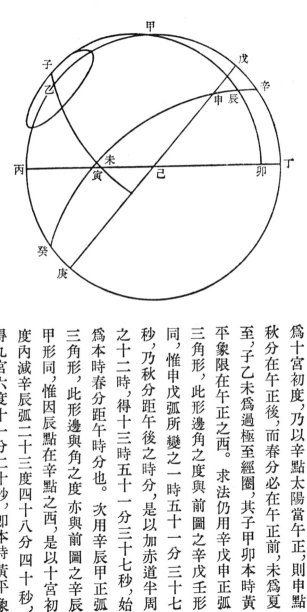

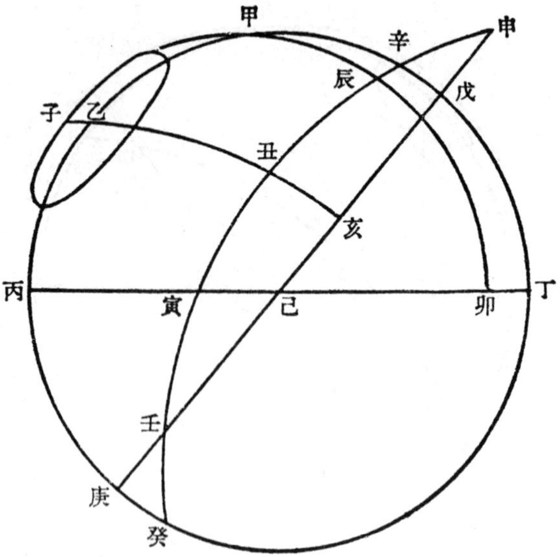

十九分一秒，亦與前數相同也。由此則逐度皆以距春、秋分前後各相對之度推之，其求午正太陽距天頂之加減，則以緯南、緯北而分。求黃平象限宮度之加減，則以冬至、夏至爲斷。蓋冬至過午西，黃平象限恆在午正之東，夏至過午西，黃平象限恆在午正之西，此加減所由定也。

今設太陽黃道經度三宮十六度四十四分，用時爲戌正二刻八分十九秒，求春分距午時分及黃平象限宮度、限距地平高度。如申辛壬癸爲黃道，交地平於寅，壬爲春分，丑爲夏至，申爲秋分，子乙丑亥爲過二極二至經圈。乃自黃極子點過天頂甲點作子甲卯黃道經圈，其黃道適中之辰點，乃在午正之西。今太陽在春分後之未點，當赤

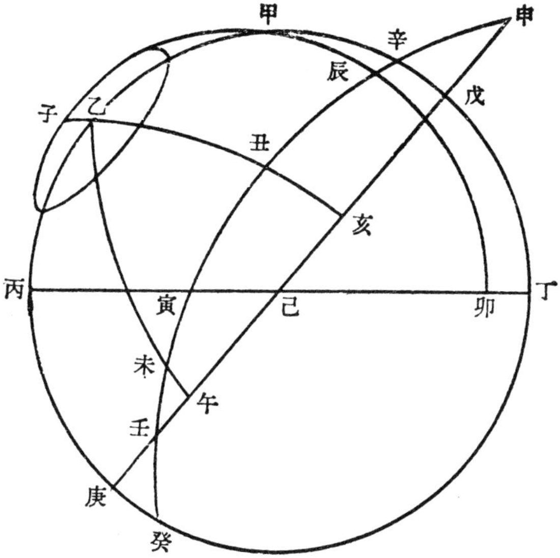

道之午點，自子正計之，卽用時之時刻。先用未午壬正弧三角形求壬午弧，此形午爲直角，有壬角黃赤交角二十三度二十九分，有壬未弧太陽距春分後黃道度十六度四十四分，求得壬午弧十五度二十四分五十八秒，爲太陽距春分後赤道度。變時得一小時一分四十秒，與午點用時相加，得二十一小時三十九分五十九秒，爲壬點春分距子正後之時分。內減十二時，得九小時三十九分五十九秒，卽壬戌弧本時春分距午時分。次用申戌辛正弧三角形，因壬戌春分距午後之度已過象限，故用申戌辛正弧形。求辛角及辛戌、辛申二弧。此形戌爲直角，有申角黃赤交角，有申戌弧秋分距午前時分所變之赤道度三十五度零十五秒，求得戌辛弧十三度五十九分四十秒，爲本時正午之黃赤距度。求得申辛戊角七十度五十六分五十八秒，爲黃道交子午圈角，卽黃道赤經交角。與甲辛辰角爲對角，其度等。求得申辛弧三十七度二十一分五十秒，爲秋分距午正前黃道度。與申點秋分九宮相減，得七宮二十二度三十八分一十秒，卽辛點正午黃道經度。次用甲辰辛正弧三角形求辛辰、甲辰二弧，此形辰爲直角，有辛角黃道赤經交角。以甲戌弧京師赤道距天頂三十九度五十五分，內減辛戊正午黃赤距度，得甲辛弧二十五度五十五分二十秒，爲本時正午黃道距天頂度，求得辛辰弧九度零五十三秒，爲黃平象限距午西之黃道度。與辛點正午黃道經度相減，得辰點七宮十三度三十七分十七秒，卽本時黃平象限之經度，並求得甲辰弧二十四度二十四分二十四秒，爲黃平象限距天頂之度。與甲卯象限相減，得辰卯弧六十五度三十五分三十六秒，爲本時黃平象限距地平之高度，卽當辰寅卯角之度也。

求距限差

距限差者，乃月距黃平象限之差度也。蓋舊法月距限以九十度爲率，因黃道麗天，其向隨時不同，而出於地平之上者，恆爲半周，其適中之點，距地平東西皆九十度。故以九十度之限，以察月在地平之上下，若月距限逾九十度者，爲在地平下，遂不入算，然此以黃道爲立算之端也。顧白道與黃道斜交，月行白道，不無距黃道南北之緯度。緯南者早入遲出，月當地平時，其距黃平象限不及九十度；緯北者早出遲入，月當地平時，其距黃平象限已過九十度；是則九十度之率未足爲據也。

於是立法以求其差，猶五星伏見距日限度有距日加減差之義也。其法以限距地平之高及月距黃道之緯，依正弧三角形法求之。蓋黃道之勢，隨天左旋，其升降正斜，時時不同。正升正降者，京師限距地高至七十三度餘，高度大，則月緯所當之距限差轉小；斜升斜降者，京師限距地高只二十六度餘，高度小，則月緯所當之距限差轉大。若値月緯最大，其差可至十度有奇，此距限差之不可不立也。故依京師黃平象限距地平高度，逐度求其太陰黃道實緯度所當距限差以立表。

設京師限距地平高度三十四度，太陰距黃道實緯度南北各五度，求距限差。如圖甲爲天頂，乙丙爲地平，丁爲黃極，甲丁乙丙爲黃道經

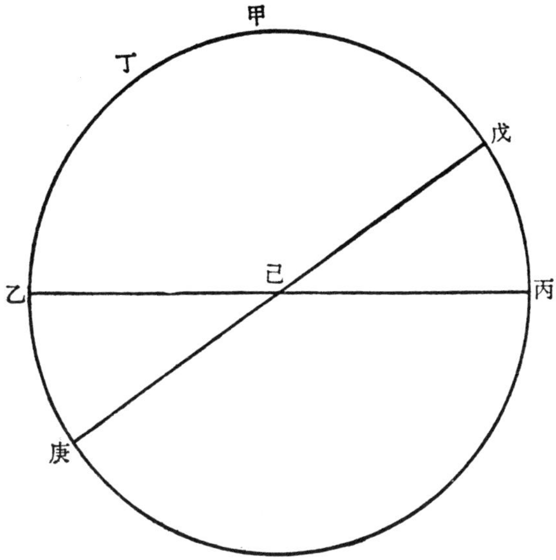

圈，戊己庚爲黃道，交地平於己點，其戊點卽黃平象限。戊丙爲限距地高三十四度，與甲丁黃極距天頂之度等，而當戊己丙角與乙己庚角爲對角，其度亦等。如月恰在正交或中交，合於黃道之己點，正當地平，則戊己爲月距限九十度，若過九十度，自必在地平之下。今設

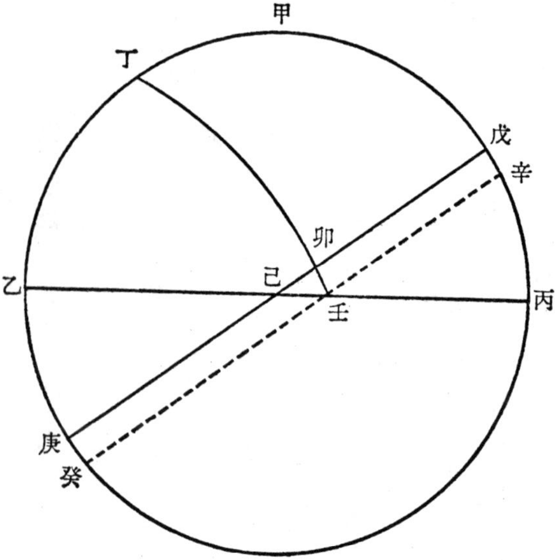

月在黃道南五度，則辛壬癸爲黃道距等圈，月在地平時爲壬點，當於黃道之卯，其戊卯月距限乃不及九十度。又設月距黃道北五度，則子丑寅爲黃道距等圈，月在地平時爲丑點，

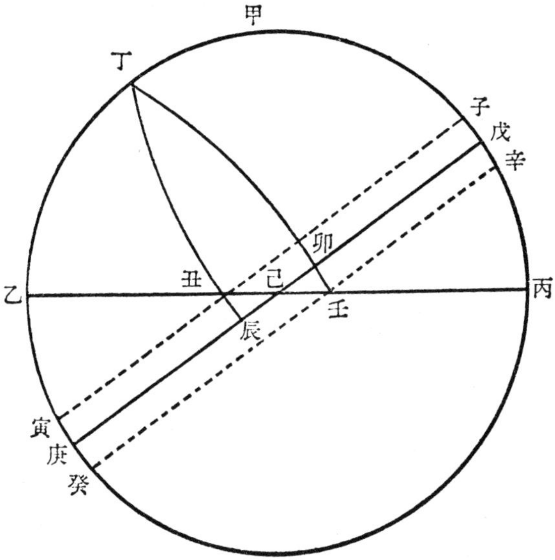

當於黃道之辰，其戊辰月距限乃已過九十度，故必求其差數以加減之。法用己卯壬正弧三角形求己卯弧，此形有卯直角，有己角，當限距地高，有卯壬弧月距黃道緯度。乃以己角之正切爲一率，半徑爲二率，卯壬弧之正切爲三率，求得四率，爲距限差度之正弦，檢表得七度四十二分，卽己卯弧爲所求之距限差，而與己辰弧之度分等。蓋己辰丑正弧三角形與己卯壬形同用己角，而辰丑弧月距黃道緯度，亦與卯壬等是兩正弧形爲相等形，故所得之己卯弧必與己辰弧相等無疑矣。既得己卯距限差，與戊己九十度相減，得八十二度十八分，卽戊卯距限，而與距等圈辛壬之度相應，爲月在緯南之地平限度。以己辰距限差與戊己九十度相加，得九十七度四十二分，卽戊辰距限，而與距等圈子丑之度相應，爲月在緯北之地平限度也。

一率　己角正切
二率　半徑
三率　卯壬弧正切
四率　己卯弧正弦

求黃經高弧交角及月距天頂

舊法推日食三差，原以黃平象限爲本。自考成前編謂三差並生於太陰，而太陰之經緯度爲白道經緯度，用白道較之用黃道爲密，故求三差則按月距白平象限之度，以白道高弧交角及太陰高弧爲據。後編變通其法，乃以白經高弧交角及日距天頂以求三差，而求白經高弧交角，係赤經高弧交角加減赤白二經交角而得，並不求月距白平象限之度，是法較前頗爲省算。今推視差者，乃求其星月黃道同經之視距視時，故三差應由黃平象限而定也。

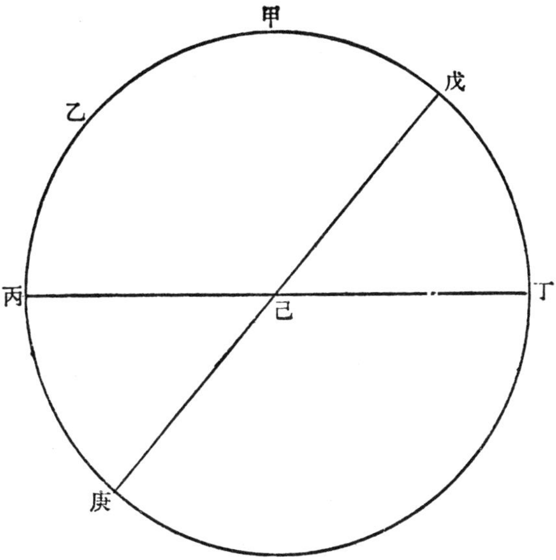

是則其法原可倣於後編不求黃平象限而竟求黃經高弧交角之術，即黃道高弧交角之餘度。然非月距黃平象限度與地平限度相較，其月在地平之上下無由可知。故今求交角，乃先求得月距黃平象限之東西、黃平象限去地之高下、太陰距黃極之遠近，然後按後編用斜弧形求赤經高弧交角日距天頂之法，則黃經高弧交角及月距天頂之度可得矣。

設星、月黃道經度同爲申宮二十六度二十二分十一秒，月距正交前四十三度四十八分五十六秒，黃白交角五度四分一十秒，黃平象限七宮十三度三十七分十七秒，限距地高

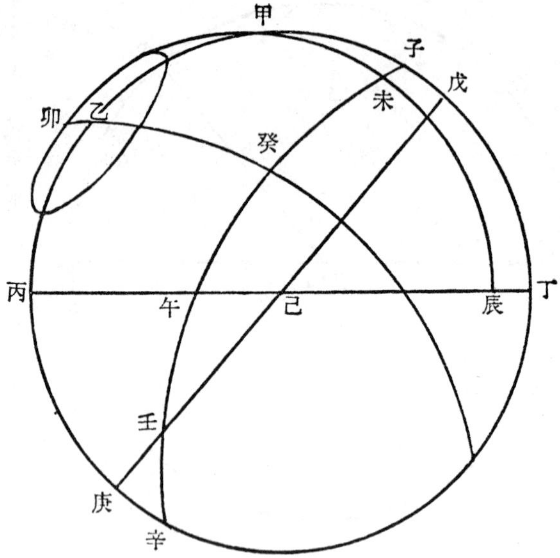

六十五度三十五分三十六秒，求太陰實緯黃經高弧交角月距天頂。如圖甲爲天頂，甲乙丙丁爲子午圈，丙丁爲地平，乙爲北極，戊己庚爲赤道，戊爲午正，己爲酉正，庚爲子正，卯爲黃極，辛壬癸子爲黃道，壬爲春分，癸爲夏至，午爲黃道交地平之點。午未弧爲九十度，其未點卽黃平象限，宮度爲七宮十三度三十七分十七秒。未辰弧當午角爲六十五度三十五分三十六秒，卽限距地高度，而與甲卯黃極距天頂之度等。巳寅丑爲白道，寅爲正交，寅角爲黃白交角五度四分一十秒，申爲太陰當黃道於酉，申寅爲月距正交前白道度四十三度四十八分五十六秒，申酉爲月距黃道緯度，其酉點爲星月所當之黃道經度五宮二十六度二十二分十一秒，與未點黃平象限宮度相減，得未酉弧四十七度十五分六秒，爲月距黃平象限西之度。乃當未卯酉角，甲申戌爲高弧，卯申甲角爲黃經高弧交角，甲申爲月距天頂。求法，先用寅酉申正弧三角形，此形酉爲直角，有寅角黃白交角，有寅申弧月距正交前白道度，求

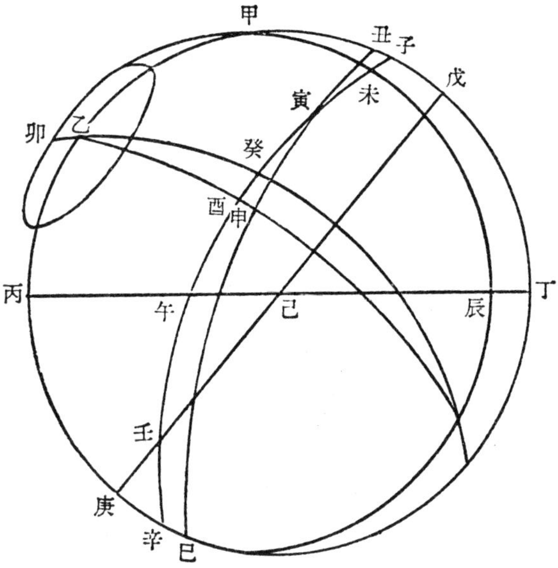

得申酉弧三度三十分二十七秒，卽太陰距黃道南實緯度。與卯酉象限相加，得卯申弧九十三度三十分二十七秒，爲月距黃極。次用甲卯申斜弧三角形，此形有甲卯邊黃極距天頂，有申卯邊月距黃極，有申卯甲角當酉未弧月距限度爲所夾之角，求申角及甲申邊。乃自天

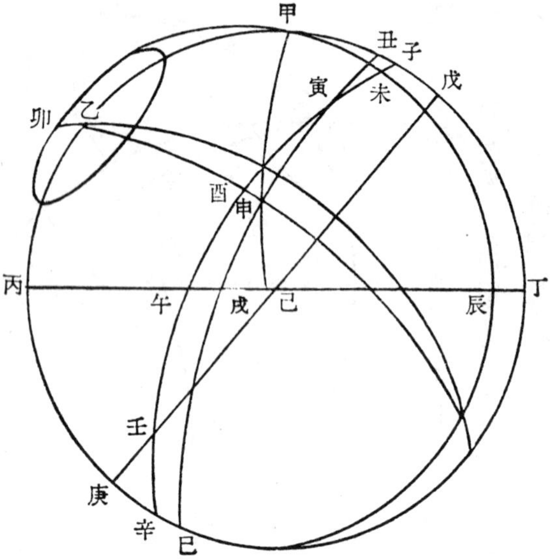

頂作甲亥垂弧，分爲甲亥卯、甲亥申兩正弧三角形。先用甲亥卯正弧三角形，此形亥爲直角，有卯角，有甲卯邊，求得卯亥弧五十六度十四分十五秒，爲距極分邊。與申卯弧月距黃

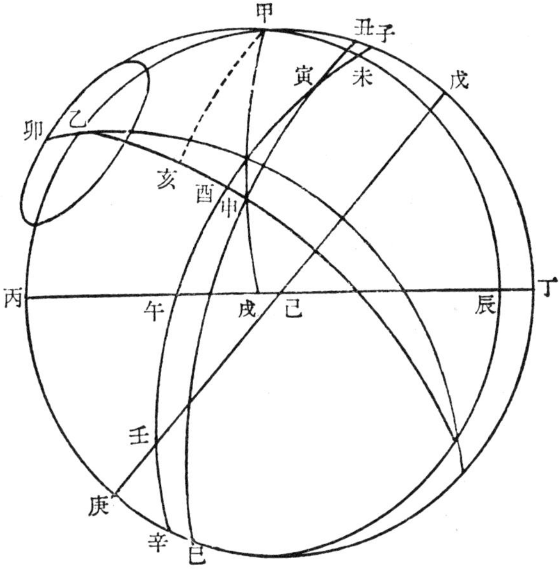

極相減，得申亥弧三十七度十六分十二秒，爲距月分邊。次用甲亥申正弧三角形，此形亥爲直角，有申亥邊，兼甲亥卯正弧三角形之亥卯邊及卯角。用合率比例法，求得申角五十六度二分五十一秒，卽黃經高弧交角。仍以甲卯申斜弧形，用對邊對角法，求得甲申弧五十三度四十三分二十四秒，卽月距天頂之度也。

求太陰距星及淩犯視時

太陰距地平上之高弧，自地心立算者爲實高，在地面所見者爲視高，其相差之分，卽地半徑差也。月當地平時，距天頂爲九十度，其相差之數最大，而角之正弦卽當地之半徑。迨月上升，則距地漸高，距地愈高，則差數愈小，其所差之分，皆與本時月距天頂之正弦相應，故用比例法而得本時高下差也。夫高下既差，則有視經、視緯之別。其視經、實經之差者，東西差也；視緯、實緯之差者，南北差也。今求三差，乃依後編日食求三差法用直線三角形算之。然後編三差圖乃寫渾於平，今則用以渾測渾之圖，求其三差，其所得之南北差，與本時太陰實緯之度相較，而得視緯。復以視緯與星緯相較，觀其緯之南北而定相距之上下也。其所得之東西差，與一小時之太陰實行爲比例，而得用時距視時之距分。辨其月距限之東西加減淩犯用時，而得淩犯之視時也。

前求得道光十二年壬辰三月初六日癸丑，月距司怪第四星淩犯用時戌正二刻八分十

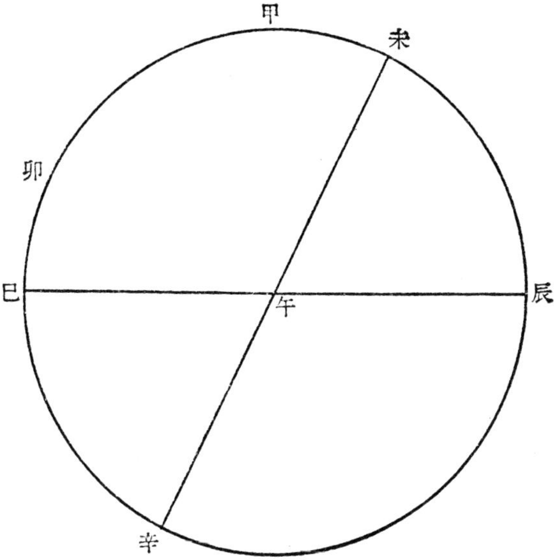

九秒，黃經高弧交角五十六度二分五十一秒，月距天頂五十三度四十三分二十四秒，本日太陰最大地半徑差六十分七秒，太陰黃道實緯度南三度三十分二十七秒，司怪第四星黃道緯度南三度十一分四十四秒，一小時太陰實行三十六分三十三秒，求星月相距分秒淩犯視時。如圖甲爲天頂，甲未辰巳爲黃道經圈，辰午巳爲地平，卯爲黃極，未午辛爲黃道，未點卽黃平象限宮度，未辰弧卽限距地高，與卯甲黃極距天頂之度等。申點爲太陰，子點爲司怪第四星，同當黃道於酉。其酉點卽月與星之黃道經度，酉未弧卽月距限西之度，子酉爲星距黃道南緯度三度十一分四十四秒，申酉爲太陰距黃道南實緯度三度三十分二十七秒，申卯弧卽月距黃極，甲申戌爲高弧，申甲爲月距天頂度五十三度四十三分二十四秒，卯申甲角爲黃經高弧交角五十六度二分五十一秒，而與戌申亥角爲對角，其度等。此皆自地心

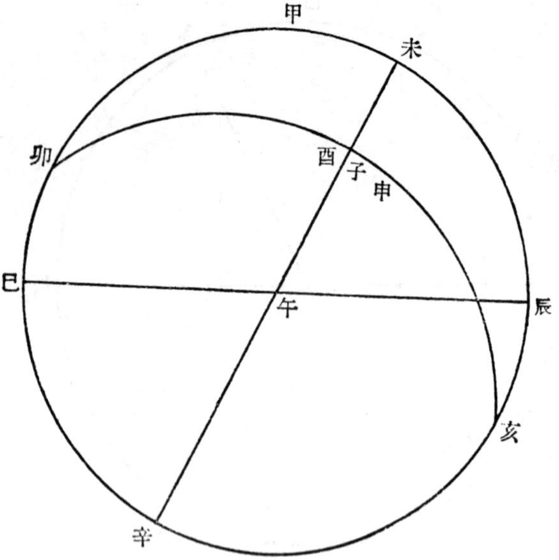

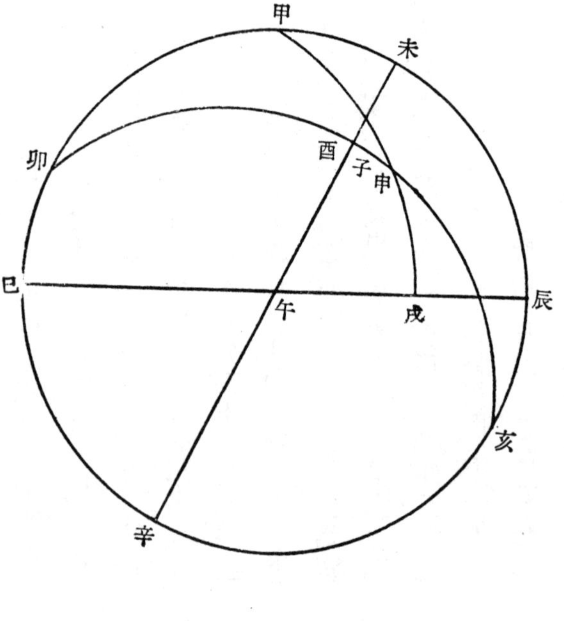

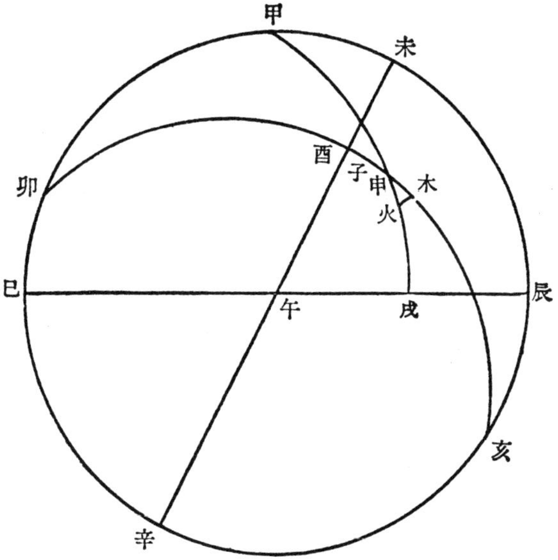

立算之實度也。然人居地面高於地心，故視高常低於實高，而月當地平時，其地半徑差爲最大，今乃六十分七秒。於是依後編求本時高下差之法，以半徑與甲申弧正弦之比同於最大地半徑差與本時高下差之比，得本時高下差四十八分二十八秒。如申火之分，其火點卽太陰之視高，自火點與黃道平行，作火木線，遂成申木火直角三角形。因弧度甚小，乃作直線算，與後編求日食三差之理同。此形木爲直角，有申角黃經高弧交角，有申火邊本時高下差，求得木火邊四十分十二秒爲東西差，求得申木邊二十七分四秒爲南北差，加於申酉太陰實緯，得木酉太陰視緯三度五十七分三十一秒。內減子酉星緯，得子木弧四十五分四十七秒，爲人

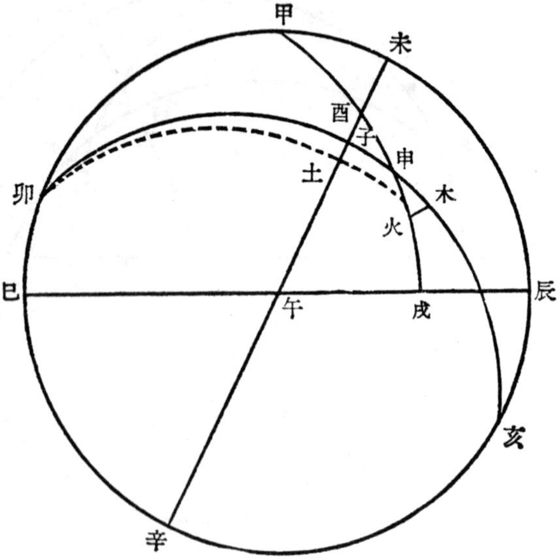

目仰視太陰距司怪第四星月在星下之分也。夫星、月同當酉點之經度，固爲相距。今太陰視高在火，其視緯雖差至木，而距星之子點尙在一度內，其火點當黃道之視經度則差至土，是用時時星經度雖在酉，而太陰視經度之土點乃在其西，是爲未及。然土酉之分與火木等，故以一小時太陰實行與火木東西差爲比例，得距分一時六分，爲月行火木之時分。加於月視高臨火點之用時，得亥初二刻十四分十九秒，即人目視太陰臨於木點與星，同當酉點經度之視時也。

求視時月距限

視時月距限，必大於用時月距限，因其視經差所當之距分既有加減，則太陰與星隨天西移自有進退也。蓋太陰以地半徑差由高而變下，則視經之差於實經、視緯之差於實緯必矣。茲據黄平象限在天頂南之地面而言之，視緯恆差而南，如實緯北者，視緯常小於實緯，其差爲減；實緯南者，視緯常大於實緯，其差爲加。故緯南之星、月實距雖在一度內，而視距轉在一度外者有之；緯北之星、月實距雖在一度外，而視距轉在一度內者有之。南北相距一度外者不入淩犯之限，故不取用。至若視經之差，所當月行距分之最大者或至二小時，而二小時之際，諸曜隨天左旋，幾至一宮，故視經之差，關於月行之進退矣。如月在黄平象限西者，視經度差之而西，視時必遲於用時；月在黄平象限東者，視經度差之而東，視時必早於用時。以致用時星、月未入地平，而視時星、月已入地平者有之，或用時星、月已出地平，而視時星、月未出地平者有之。是故於求用時之後，卽以月距黄平象限與地平限度相較，可知斯時月在地平之上下。月距限小於地平限度者，爲月在地平上；大於地平限度者，爲月在地平下。如遇月距限微小於地平限度者，用時星、月必在地平上，視時星、月或在地平下，其所差者，卽視經之差當月行距分之諸曜左旋度。今取最小實經、視經之差所當左旋之度爲視經差，法見下卷求地平限度節下。減於地平限度，所得視地平限度，而與月距限度考之。如月距限小於地平限度而大於視地平限度者，則爲用時月雖在地平上，視時月必在地平下矣；既知月必在地平下，故遇此者去之。如月距限小於視地平限度者，則爲視時月在地平之上。夫猶有不然者，以視經差所取皆最小之數也。若知月行實跡非由視時，再推月距限度，則其時月果在地平之上下，未可得其確準。故今於既得視時之後，必詳察太陰實緯及用時月距限度。如實緯南月距限過六十度，或實緯北月距限過七十度者，用時月距限在此限度內者，視時月必在地平之上。皆以視時復求月距黃平象限之度。如其度大於地平限度者，乃視時月在地平之下，仍不取用。必其度小於地平限度，始爲視時月必在地平之上，而可證諸實測。此視差之所以必逐細詳推，然後可得而取用也。

清史稿卷五十三

志二十八

時憲九

凌犯視差新法下

求均數時差

以本日太陽引數宮度分，滿三十秒進一分用。用後編日躔均數時差表，察其所對之數，得均數時差，記加減號。引數有零分者，用中比例求之。

求升度時差

以本日太陽黃道實行宮度分，滿三十秒進一分用。用後編日躔升度時差表，察其所對之數，得升度時差，記加減號。實行有零分者，用中比例求之。

求時差總

以均數時差與升度時差相加減，得時差總。兩時差同爲加或同爲減者，則相加得時差總，加亦爲加，減亦爲減。兩時差一爲加一爲減者，則相減得時差總，加數大爲加，減數大爲減。

求淩犯用時

置淩犯時刻，加減時差總，得淩犯用時。

求本時太陽黃道經度

以周日一千四百四十分爲一率，本次日兩太陽實行相減帶秒減，足三十秒進一分用，有度化分。爲二率，淩犯時刻化分爲三率，求得四率與本日太陽實行相加，得本時太陽黃道經度。

求本時春分距午時分

以本時太陽黃道經度，滿三十分進一度用。察黃平象限表內右邊所列春分距午時分與淩犯用時相加，內減十二時，不足減，加二十四時減之。得本時春分距午時分。滿二十四時去之。

求本時黃白大距

以周日一千四百四十分爲一率，本次日兩黃白大距相減爲二率，淩犯時刻化分爲三率，求得四率。加減本日黃白大距，本日黃白大距大相減，小相加。得本時黃白大距。

求本時月距正交

以周日一千四百四十分爲一率，本次日兩月距正交相減化秒爲二率，凌犯時刻化分爲三率，求得四率。收作度分秒，與本日月距正交相加，得本時月距正交。

求太陰實緯

以半徑爲一率，本時黃白大距正弦爲二率，本時月距正交正弦爲三率，如本時月距正交過三宮者，與六宮減；過六宮者減六宮；過九宮者，與十二宮減，用其餘。求得四率，爲太陰實緯正弦，檢表得太陰實緯，記南北號。本時月距正交初宮至五宮爲北，六宮至十一宮爲南。如本時月距正交恰在初宮、六宮者，則無實緯。恰在三宮、九宮者，則本時黃白大距卽實緯度，三宮爲北，九宮爲南。

求黃平象限及限距地高

以本時春分距午時分，察黃平象限表內，取其與時分相近者所對之數錄之，得黃平象限。隨看左邊之限距地高錄之，得限距地高。

求星經度

按所取之星，察儀象考成卷二十六表內所載本星之黃道經度，加入歲差，表以乾隆九年甲子爲元，至道光十四年甲午，計九十年，應加歲差一度十六分三十秒，以後每年遞加歲差五十一秒。得本年星經度。

如求五星經度，則以周日一千四百四十分爲一率，凌犯時刻化分爲二率，一日星實行爲三率，以本次日兩實行相減，得一日星實行。求得四率，爲距時星實行。與本日星經度相加減，順行加，退行減。得本時星經度。

求星緯度

按所取之星，察儀象考成卷二十六表內所載本星之黃道緯度錄之，無歲差。記南北號。如求五星緯度，則以周日一千四百四十分爲一率，凌犯時刻化分爲二率，一日星緯較爲三率，本次日兩緯度同爲南或同爲北者，則相減得星緯較。一爲南一爲北者，則相加得星緯較。求得四率。與本日星緯度相加減，本日緯度大相減，本日緯度小相加。若相加爲三率者，所得四率必與本日緯度相減，仍依本日南北號。如所得四率大於本日星緯，則以所得四率轉減本日星緯，其南北號應與次日同。得本時星緯度，記南北號。

求月距限

以星經度與黃平象限相減，得月距限，記東西號。星經度大爲限東，小爲限西。如星經度與黃平象限一在三宮內，一在九宮外，應將三宮內者加十二宮減之。所得月距限太陰實緯南在六十度內，實緯北在八十度內者，不必求地平限度。如緯南過六十度，緯北過八十度，則求地平限度。

求距限差

以限距地高及太陰實緯度分，察距限差表內縱橫所對之數錄之，得距限差，記加減號。

太陰實緯南減北加。

求地平限度

置九十度，加減距限差，得地平限度。

以地平限度內減最小視經差八度五十五分一十七秒，得視地平限度，如月距限大於視地平限度者，爲月在地平下，卽不必算。因太陰距地最近，其視行隨時不同，故取最小視經差以定視限。乃按最小限距地高，月在黃道極南，求得最小黃經高弧交角二十六度六分二十四秒。以最小太陰地半徑差及最速月實行，求得最小距分三十七分八秒。變赤道度得九度一十七分，求其相當最小黃道度爲八度三十一分三十四秒。再加最小東西差二十三分四十三秒，得最小視經差八度五十五分一十七秒。然月在最高時，地半徑差最小，而其月實行必遲，則距分轉大。今俱取其最小者，恐有遺漏耳。

求距極分邊

以半徑爲一率，月距限餘弦爲二率，限距地高正切爲三率，求得四率，爲距極分邊正切，檢表得距極分邊。

求月距黃極

置九十度，加減太陰實緯，南加北減。得月距黃極。

求距月分邊

以月距黃極內減距極分邊，得距月分邊。

求黃經高弧交角

以距月分邊正弦爲一率，距極分邊正弦爲二率，月距限正切爲三率，求得四率，爲黃經高弧交角正切，檢表得黃經高弧交角。若月距限爲初度，是太陰正當黃平象限，則黃經與高弧合，無黃經高弧交角。

求本次日月實引

以本日月引數加減本日初均，得本日月實引，以次日月引數加減次日初均，得次日月實引。

求本時月實引

以周日一千四百四十分爲一率，凌犯時刻化分爲二率，本次日兩實引相減帶秒減，足三十秒進一分用，度化分。爲三率，求得四率。收爲度分，與本日月實引相加，得本時月實引。

求本時本天心距地

以周日一千四百四十分爲一率，凌犯時刻化分爲二率，本次日兩本天心距地數相減爲三率，求得四率。與本日本天心距地數相加減，本日本天心距地數大相減，小相加。得本時本天心距地。

求距地較

以本時本天心距地內減距地小數，得距地較。

求月距天頂

以黃經高弧交角正弦爲一率，限距地高正弦爲二率，月距限正弦爲三率，求得四率爲月距天頂正弦，檢表得月距天頂。若無黃經高弧交角，則以月距黃極內減限距地高卽得。

求太陰地半徑差

以本時月實引滿三十分，進一度用。及本時本天心距地，察後編交食太陰地半徑差表內所對之數，卽太陰地半徑差。如本時本天心距地有遠近者，以距地較比例求之。

求本時高下差

以半徑爲一率，月距天頂正弦爲二率，太陰地半徑差爲三率，若推淩犯五星，除土、木二星無地半徑差外，火、金、水三星皆有地半徑差。乃看星引數，自十宮十五度至一宮十五度，爲最高限。自一宮十五度至四宮十五度，自七宮十五度至十宮十五度，爲中距限。自四宮十五度至七宮十五度，爲最卑限。以星引數所當之限，察其本星最大地半徑差，與太陰地半徑差相減，得星月地平高下差，爲三率。求得四率，卽本時高下差。

求東西差

以半徑爲一率，黃經高弧交角正弦爲二率，本時高下差爲三率，求得四率，卽東西差。

如無交角，則無東西差，高下差卽南北差，淩犯用時卽淩犯視時。

求南北差

以半徑爲一率，黃經高弧交角餘弦爲二率，本時高下差爲三率，求得四率，卽南北差。

求太陰視緯

以太陰實緯與南北差相加減，得太陰視緯，記南北號。緯南相加仍爲南，緯北相減仍爲北，如南北差大，則反減變北爲南。

求太陰距星

以太陰視緯與星緯相加減，得太陰距星，記月在上下號。如兩緯度同爲北或同爲南者則相減；月緯大，北爲在上，南爲在下；月緯小，北爲在下，南爲在上。兩緯度一爲南一爲北者則相加。月緯北爲在上，月緯南爲在下。若兩緯度相同，減盡無餘，爲月掩星，凡相距在一度以內者用；過一度外者，爲緯大，不用，卽不必算。

求太陰實行

以本時月實引滿三十分，進一度用。及本時本天心距地，察後編交食太陰實行表內所對之數，得太陰實行。如本時本天心距地有遠近者，以距地較比例求之。

求距分

以太陰實行爲一率，東西差爲二率，一小時化作三千六百秒爲三率，求得四率，卽距分，記加減號。月距限東爲減，月距限西爲加。

求淩犯視時

置淩犯用時，加減距分，得淩犯視時，如淩犯用時不足減距分，加二十四時減之，所得淩犯視時爲在前一日；如加滿二十四時去之，所得淩犯視時爲在次日。時刻在日出前日入後者用；在日出後日入前者，卽爲在晝，不用。

如月在緯南，月距限過六十度，及月在緯北，月距限過七十度者，須用下法求之。

求視時春分距午時分

置本時春分距午，加減距分，得視時春分距午。如本時春分距午不足減距分者，加二十四時減之；若相加過二十四時者去之。

求視時黃平象限

以視時春分距午時分，察黃平象限表內，取其與時分相近者，所對之數錄之，卽得視時黃平象限。

求視時月距限

置星經度，與視時黃平象限相減，得視時月距限，其度小於地平限度者用；若大於地平限度者，爲月在地平下，不用。

黃平象限表

黃平象限表，按京師北極高度三十九度五十五分，黃赤大距二十三度二十九分，依黃道經度，逐度推得春分距午時分、黃平象限宮度、限距地高度分，三段列之。表名「春分距午」者，乃春分距午正赤道度所變之時分也。「黃平象限」者，乃本時黃平象限之宮度也。「限距地高」者，乃本時黃平象限距地平之高度也。表自三宮初度列起者，因太陽黃道經度三宮初度爲春分，卽春分距午之初也。

用表之法，以本時太陽黃道經度之宮度，察其所對之春分距午時分，加淩犯用時，得數內減十二時，不足減者加二十四時減之，得本時春分距午時分。依此時分，取其相近之春分距午時分所對之黃平象限宮度及限距地高度分，卽得所求之黃平象限及限距地高也。設本時太陽經度一宮十五度，淩犯用時十九時四十五分，求春分距午及黃平象限幷限距地高，則察本表黃道經度一宮十五度所對之春分距午爲二十一時九分五十四秒。加淩犯用時十九時四十五分，內減十二時，餘過二十四時去之。得四時五十四分五十四秒，爲所求之春分距午時分。乃以此時分察相近者，得四時五十四分五十一秒。其所對之黃平象限爲五宮十六度五十九分二十七秒，卽所求之黃平象限宮度。其所對之限距地高爲七十二度四十九分五十八秒，卽所求之限距地高也。若黃道經度有零分者，滿三十分以上則進爲一度，不用中比例，因逐度所差甚微故也。

黃道經度		春分距午			黃平象限				限距地高		
宮	度	時	分	秒	宮	度	分	秒	度	分	秒
三	○○	○	○○	○○	三	一八	二六	一四	五三	五六	五一
三	○一	○	○三	四○	三	一九	一一	三七	五四	一七	三六
三	○二	○	○七	二○	三	一九	五六	五○	五四	三八	一六
三	○三	○	一一	○○	三	二○	四一	五七	五四	五八	五○
三	○四	○	一四	四一	三	二一	二六	五七	五五	一九	一八
三	○五	○	一八	二一	三	二二	一一	五二	五五	三九	四一
三	○六	○	二二	○一	三	二二	五六	四二	五五	五九	四八
三	○七	○	二五	四二	三	二三	四一	二六	五六	二○	○九
三	○八	○	二九	二三	三	二四	二六	○七	五六	四○	一三
三	○九	○	三三	○四	三	二五	一○	四四	五七	○○	一二
三	一○	○	三六	四五	三	二五	五五	一五	五七	二○	○四
三	一一	○	四○	二六	三	二六	三九	四九	五七	三九	五○
三	一二	○	四四	○八	三	二七	二四	一八	五七	五九	二九
三	一三	○	四七	四九	三	二八	○八	四五	五八	一九	○二
三	一四	○	五一	三一	三	二八	五三	一二	五八	三八	二八
三	一五	○	五五	一四	三	二九	三七	三七	五八	五七	四八
三	一六	○	五八	五六	四	○○	二二	○三	五九	一七	○○
三	一七	一	○二	三九	四	○一	○六	二七	五九	三六	○六
三	一八	一	○六	二三	四	○一	五○	五四	五九	五五	○五
三	一九	一	一○	○六	四	○二	三五	二二	六○	一三	五六
三	二○	一	一三	五○	四	○三	一九	五○	六○	三二	三九
三	二一	一	一七	三五	四	○四	○四	二一	六○	五一	一六
三	二二	一	二一	二○	四	○四	四八	五四	六一	○九	四五
三	二三	一	二五	○五	四	○五	三三	二九	六一	二八	○六
三	二四	一	二八	五一	四	○六	一八	○八	六一	四六	一八
三	二五	一	三二	三七	四	○七	○二	五一	六二	○四	二四
三	二六	一	三六	二四	四	○七	四七	三七	六二	二二	二○
三	二七	一	四○	一一	四	○八	三二	二八	六二	四○	○八
三	二八	一	四三	五九	四	○九	一七	二三	六二	五七	四八
三	二九	一	四七	四八	四	一○	○二	二三	六三	一五	一八
三	三○	一	五一	三七	四	一○	四七	二八	六三	三二	四○

黃道經度		春分距午			黃平象限				限距地高		
宮	度	時	分	秒	宮	度	分	秒	度	分	秒
四	○○	一	五一	三七	四	一○	四七	二八	六三	三二	四○
四	○一	一	五五	二六	四	一一	三二	四○	六三	四九	五三
四	○二	一	五九	一六	四	一二	一七	五六	六四	○六	五六
四	○三	二	○三	○七	四	一三	○三	一九	六四	二三	五一
四	○四	二	○六	五八	四	一三	四八	四九	六四	四○	三四
四	○五	二	一○	五○	四	一四	三四	二六	六四	五七	○八
四	○六	二	一四	四三	四	一五	二○	○九	六五	一三	三二
四	○七	二	一八	三六	四	一六	○六	○○	六五	二九	四五
四	○八	二	二二	三○	四	一六	五一	五九	六五	四五	四八
四	○九	二	二六	二四	四	一七	三八	○五	六六	○一	四○
四	一○	二	三○	二○	四	一八	二四	一九	六六	一七	二○
四	一一	二	三四	一六	四	一九	一○	四二	六六	三二	四九
四	一二	二	三八	一二	四	一九	五七	一三	六六	四八	○六
四	一三	二	四二	一○	四	二○	四三	五三	六七	○三	一一
四	一四	二	四六	○八	四	二一	三○	四二	六七	一八	○四
四	一五	二	五○	○六	四	二二	一七	三九	六七	三二	四五
四	一六	二	五四	○六	四	二三	○四	四六	六七	四七	一三
四	一七	二	五八	○六	四	二三	五二	○二	六八	○一	二七
四	一八	三	○二	○七	四	二四	三九	二八	六八	一五	二八
四	一九	三	○六	○九	四	二五	二七	○三	六八	二九	一五
四	二○	三	一○	一一	四	二六	一四	四七	六八	四二	四九
四	二一	三	一四	一四	四	二七	○二	四二	六八	五六	○八
四	二二	三	一八	一八	四	二七	五○	四六	六九	○九	一二
四	二三	三	二二	二二	四	二八	三九	○○	六九	二二	○一
四	二四	三	二六	二八	四	二九	二七	二四	六九	三四	三五
四	二五	三	三○	三四	五	○○	一五	五八	六九	四六	五三
四	二六	三	三四	四○	五	○一	○四	四一	六九	五八	五六
四	二七	三	三八	四八	五	○一	五三	三四	七○	一○	四二
四	二八	三	四二	五六	五	○二	四二	三七	七○	二二	一一
四	二九	三	四七	○五	五	○三	三一	五○	七○	三三	二三
四	三○	三	五一	一四	五	○四	二一	一二	七○	四四	一九

黃道經度		春分距午			黃平象限				限距地高		
宮	度	時	分	秒	宮	度	分	秒	度	分	秒
五	〇〇	三	五一	一四	五	〇四	二一	一二	七〇	四四	一九
五	〇一	三	五五	二五	五	〇五	一〇	四四	七〇	五四	五七
五	〇二	三	五九	三六	五	〇六	〇〇	二六	七一	〇五	一六
五	〇三	四	〇三	四七	五	〇六	五〇	一七	七一	一五	一八
五	〇四	四	〇七	五九	五	〇七	四〇	一七	七一	二五	〇一
五	〇五	四	一二	一二	五	〇八	三〇	二六	七一	三四	二四
五	〇六	四	一六	二六	五	〇九	二〇	四四	七一	四三	二九
五	〇七	四	二〇	四〇	五	一〇	一一	一七	七一	五二	一四
五	〇八	四	二四	五四	五	一一	〇一	四六	七二	〇〇	四〇
五	〇九	四	二九	〇九	五	一一	五二	二九	七二	〇八	四五
五	一〇	四	三三	二五	五	一二	四三	二四	七二	一六	二九
五	一一	四	三七	四一	五	一三	三四	一九	七二	二三	五四
五	一二	四	四一	五八	五	一四	二五	二六	七二	三〇	五七
五	一三	四	四六	一六	五	一五	一六	三九	七二	三七	三九
五	一四	四	五〇	三三	五	一六	〇八	〇〇	七二	四三	五九
五	一五	四	五四	五一	五	一六	五九	二七	七二	四九	五八
五	一六	四	五九	一〇	五	一七	五一	〇〇	七二	五五	三四
五	一七	五	〇三	二九	五	一八	四二	三九	七三	〇〇	四九
五	一八	五	〇七	四八	五	一九	三四	二四	七三	〇五	四一
五	一九	五	一二	〇八	五	二〇	二六	一三	七三	一〇	一〇
五	二〇	五	一六	二八	五	二一	一八	〇七	七三	一四	一七
五	二一	五	二〇	四九	五	二二	一〇	〇六	七三	一八	〇一
五	二二	五	二五	〇九	五	二三	〇二	〇九	七三	二一	二二
五	二三	五	二九	三〇	五	二三	五四	一五	七三	二四	一八
五	二四	五	三三	五一	五	二四	四六	二四	七三	二六	五二
五	二五	五	三八	一二	五	二五	三八	三六	七三	二九	〇三
五	二六	五	四二	三四	五	二六	三〇	五〇	七三	三〇	五〇
五	二七	五	四六	五五	五	二七	二三	〇六	七三	三二	一三
五	二八	五	五一	一七	五	二八	一五	二三	七三	三三	一二
五	二九	五	五五	三八	五	二九	〇七	四一	七三	三三	四八
五	三〇	六	〇〇	〇〇	六	〇〇	〇〇	〇〇	七三	三四	〇〇

黃道經度		春分距午			黃平象限				限距地高		
宮	度	時	分	秒	宮	度	分	秒	度	分	秒
六	○○	六	○○	○○	六	○○	○○	○○	七三	三四	○○
六	○一	六	○四	二二	六	○○	五二	一九	七三	三三	四八
六	○二	六	○八	四三	六	○一	四四	三七	七三	三三	一二
六	○三	六	一三	○五	六	○二	三六	五四	七三	三二	一三
六	○四	六	一七	二六	六	○三	二九	一○	七三	三○	五○
六	○五	六	二一	四八	六	○四	二一	二四	七三	二九	○三
六	○六	六	二六	○九	六	○五	一三	三六	七三	二六	五二
六	○七	六	三○	三○	六	○六	○五	四五	七三	二四	一八
六	○八	六	三四	五一	六	○六	五七	五一	七三	二一	二二
六	○九	六	三九	一一	六	○七	四九	五四	七三	一八	○一
六	一○	六	四三	三二	六	○八	四一	五三	七三	一四	一七
六	一一	六	四七	五二	六	○九	三三	四七	七三	一○	一○
六	一二	六	五二	一二	六	一○	二五	三六	七三	○五	四一
六	一三	六	五六	三一	六	一一	一七	二一	七三	○○	四九
六	一四	七	○○	五○	六	一二	○九	○○	七二	五五	二四
六	一五	七	○五	○九	六	一三	○○	三三	七二	四九	五八
六	一六	七	○九	二七	六	一三	五二	○○	七二	四三	五九
六	一七	七	一三	四四	六	一四	四三	二一	七二	三七	三九
六	一八	七	一八	○二	六	一五	三四	三四	七二	三○	五七
六	一九	七	二二	一九	六	一六	二五	四一	七二	二三	五四
六	二○	七	二六	三五	六	一七	一六	三六	七二	一六	二九
六	二一	七	三○	五一	六	一八	○七	三一	七二	○八	四五
六	二二	七	三五	○六	六	一八	五八	一四	七二	○○	四○
六	二三	七	三九	二○	六	一九	四八	四三	七一	五二	一四
六	二四	七	四三	三四	六	二○	三九	一六	七一	四三	二九
六	二五	七	四七	四八	六	二一	二九	三四	七一	三四	二四
六	二六	七	五二	○一	六	二二	一九	四三	七一	二五	○一
六	二七	七	五六	一三	六	二三	○九	四三	七一	一五	一八
六	二八	八	○○	二四	六	二三	五九	三四	七一	○五	一六
六	二九	八	○四	三五	六	二四	四九	一六	七○	五四	五七
六	三○	八	○八	四六	六	二五	三八	四八	七○	四四	一九

黃道經度		春分距午			黃平象限				限距地高		
宮	度	時	分	秒	宮	度	分	秒	度	分	秒
七	○○	八	○八	四六	六	二五	三八	四八	七○	四四	一九
七	○一	八	一二	五五	六	二六	二八	一○	七○	三三	二三
七	○二	八	一七	○四	六	二七	一七	二三	七○	二二	一一
七	○三	八	二一	一二	六	二八	○六	二六	七○	一○	四二
七	○四	八	二五	二○	六	二八	五五	一九	六九	五八	五六
七	○五	八	二九	二六	六	二九	四四	○二	六九	四六	五三
七	○六	八	三三	三二	七	○○	三二	三六	六九	三四	三五
七	○七	八	三七	三八	七	○一	二一	○○	六九	二二	○一
七	○八	八	四一	四二	七	○二	○九	一四	六九	○九	一二
七	○九	八	四五	四六	七	○二	五七	一八	六八	五六	○八
七	一○	八	四九	四九	七	○三	四五	一三	六八	四二	四九
七	一一	八	五三	五一	七	○四	三二	五七	六八	二九	一五
七	一二	八	五七	五三	七	○五	二○	三二	六八	一五	二八
七	一三	九	○一	五四	七	○六	○七	五八	六八	○一	二七
七	一四	九	○五	五四	七	○六	五五	一四	六七	四七	一三
七	一五	九	○九	五四	七	○七	四二	二一	六七	三二	四五
七	一六	九	一三	五二	七	○八	二九	一八	六七	一八	○四
七	一七	九	一七	五○	七	○九	一六	○七	六七	○三	一一
七	一八	九	二一	四八	七	一○	○二	四七	六六	四八	○六
七	一九	九	二五	四四	七	一○	四九	一八	六六	三二	四九
七	二○	九	二九	四○	七	一一	三五	四一	六六	一七	二○
七	二一	九	三三	三六	七	一二	二一	五五	六六	○一	四○
七	二二	九	三七	三○	七	一三	○八	○一	六五	四五	四八
七	二三	九	四一	二四	七	一三	五四	○○	六五	二九	四五
七	二四	九	四五	一七	七	一四	三九	五一	六五	一三	三二
七	二五	九	四九	一○	七	一五	二五	三四	六四	五七	○八
七	二六	九	五三	○二	七	一六	一一	一一	六四	四○	三四
七	二七	九	五六	五三	七	一六	五六	四一	六四	二三	五一
七	二八	一○	○○	四四	七	一七	四二	○四	六四	○六	五六
七	二九	一○	○四	三四	七	一八	二七	二○	六三	四九	五三
七	三○	一○	○八	二三	七	一九	一二	三二	六三	三二	四○

黃道經度		春分距午			黃平象限				限距地高		
宮	度	時	分	秒	宮	度	分	秒	度	分	秒
八	〇〇	一〇	〇八	二三	七	一九	一二	三二	六三	三二	四〇
八	〇一	一〇	一二	一二	七	一九	五七	三七	六三	一五	一八
八	〇二	一〇	一六	〇一	七	二〇	四二	三七	六二	五七	四八
八	〇三	一〇	一九	四九	七	二一	二七	三二	六二	四〇	〇八
八	〇四	一〇	二三	三六	七	二二	一二	二三	六二	二二	二〇
八	〇五	一〇	二七	二三	七	二二	五七	〇九	六二	〇四	二四
八	〇六	一〇	三一	〇九	七	二三	四一	五二	六一	四六	一八
八	〇七	一〇	三四	五五	七	二四	二六	三一	六一	二八	〇六
八	〇八	一〇	三八	四〇	七	二五	一一	〇六	六一	〇九	四五
八	〇九	一〇	四二	二五	七	二五	五五	三九	六〇	五一	一六
八	一〇	一〇	四六	一〇	七	二六	四〇	一〇	六〇	三二	三九
八	一一	一〇	四九	五四	七	二七	二四	三八	六〇	一三	五六
八	一二	一〇	五三	三七	七	二八	〇九	〇六	五九	五五	〇五
八	一三	一〇	五七	二一	七	二八	五三	三三	五九	三六	〇六
八	一四	一一	〇一	〇四	七	二九	三七	五七	五九	一七	〇〇
八	一五	一一	〇四	四六	八	〇〇	二二	二三	五八	五七	四八
八	一六	一一	〇八	二九	八	〇一	〇六	四八	五八	三八	二八
八	一七	一一	一二	一一	八	〇一	五一	一五	五八	一九	〇二
八	一八	一一	一五	五二	八	〇二	三五	四二	五七	五九	二九
八	一九	一一	一九	三四	八	〇三	二〇	一一	五七	三九	五〇
八	二〇	一一	二三	一五	八	〇四	〇四	四五	五七	二〇	〇四
八	二一	一一	二六	五六	八	〇四	四九	一六	五七	〇〇	一二
八	二二	一一	三〇	三七	八	〇五	三三	五三	五六	四〇	一三
八	二三	一一	三四	一八	八	〇六	一八	三四	五六	二〇	〇九
八	二四	一一	三七	五九	八	〇七	〇三	一八	五五	五九	四八
八	二五	一一	四一	三九	八	〇七	四八	〇八	五五	三九	四一
八	二六	一一	四五	一九	八	〇八	三三	〇三	五五	一九	一八
八	二七	一一	四九	〇〇	八	〇九	一八	〇三	五四	五八	五〇
八	二八	一一	五二	四〇	八	一〇	〇三	一〇	五四	三八	一六
八	二九	一一	五六	二〇	八	一〇	四八	二三	五四	一七	三六
八	三〇	一二	〇〇	〇〇	八	一一	三三	四六	五三	五六	五一

黃道經度		春分距午			黃平象限				限距地高		
宮	度	時	分	秒	宮	度	分	秒	度	分	秒
九	〇〇	一二	〇〇	〇〇	八	一一	三三	四六	五三	五六	五一
九	〇一	一二	〇三	四〇	八	一二	一九	一五	五三	三六	〇一
九	〇二	一二	〇七	二〇	八	一三	〇四	五三	五三	一五	〇三
九	〇三	一二	一一	〇〇	八	一三	五〇	四一	五二	五四	〇二
九	〇四	一二	一四	四一	八	一四	三六	四〇	五二	三二	五五
九	〇五	一二	一八	二一	八	一五	二二	四八	五二	一一	四三
九	〇六	一二	二二	〇一	八	一六	〇九	〇七	五一	五〇	二六
九	〇七	一二	二五	四二	八	一六	五五	四〇	五一	二九	〇三
九	〇八	一二	二九	二三	八	一七	四二	二四	五一	〇七	三六
九	〇九	一二	三三	〇四	八	一八	二九	二二	五〇	四六	〇五
九	一〇	一二	三六	四五	八	一九	一六	三四	五〇	二四	二八
九	一一	一二	四〇	二六	八	二〇	〇四	〇一	五〇	〇二	四七
九	一二	一二	四四	〇八	八	二〇	五一	四四	四九	四一	〇一
九	一三	一二	四七	四九	八	二一	三九	四三	四九	一九	一一
九	一四	一二	五一	三一	八	二二	二八	〇〇	四八	五七	一六
九	一五	一二	五五	一四	八	二三	一六	三四	四八	三五	一七
九	一六	一二	五八	五六	八	二四	〇五	二七	四八	一三	一五
九	一七	一三	〇二	三九	八	二四	五四	三九	四七	五一	〇八
九	一八	一三	〇六	二三	八	二五	四四	一三	四七	二八	五七
九	一九	一三	一〇	〇六	八	二六	三四	〇七	四七	〇六	四四
九	二〇	一三	一三	五〇	八	二七	二四	二六	四六	四四	二六
九	二一	一三	一七	三五	八	二八	一五	〇五	四六	二二	〇六
九	二二	一三	二一	二〇	八	二九	〇六	〇九	四五	五九	四一
九	二三	一三	二五	〇五	八	二九	五七	四〇	四五	三七	一四
九	二四	一三	二八	五一	九	〇〇	四九	三六	四五	一四	四五
九	二五	一三	三二	三七	九	〇一	四一	五一	四四	五二	一二
九	二六	一三	三六	二四	九	〇二	三四	五〇	四四	二九	三七
九	二七	一三	四〇	一一	九	〇三	二八	一一	四四	〇七	〇一
九	二八	一三	四三	五九	九	〇四	二二	〇一	四三	四四	二二
九	二九	一三	四七	四八	九	〇五	一六	二五	四三	二一	四二
九	三〇	一三	五一	三七	九	〇六	一一	二〇	四二	五九	〇一

黃道經度		春分距午			黃平象限				限距地高		
宮	度	時	分	秒	宮	度	分	秒	度	分	秒
一〇	〇〇	一三	五一	三七	九	〇六	一一	二〇	四二	五九	〇一
一〇	〇一	一三	五五	二六	九	〇七	〇六	四九	四二	三六	一八
一〇	〇二	一三	五九	一六	九	〇八	〇二	五四	四二	一三	三四
一〇	〇三	一四	〇三	〇七	九	〇八	五九	三三	四一	五〇	五〇
一〇	〇四	一四	〇六	五八	九	〇九	五六	五二	四一	二八	〇六
一〇	〇五	一四	一〇	五〇	九	一〇	五四	五九	四一	〇五	二三
一〇	〇六	一四	一四	四三	九	一一	五三	二五	四〇	四二	四〇
一〇	〇七	一四	一八	三六	九	一二	五二	四四	四〇	一九	五九
一〇	〇八	一四	二二	三〇	九	一三	五二	四五	三九	五七	一九
一〇	〇九	一四	二六	二四	九	一四	五三	三一	三九	三四	四一
一〇	一〇	一四	三〇	二〇	九	一五	五五	〇二	三九	一二	〇六
一〇	一一	一四	三四	一六	九	一六	五七	二〇	三八	四九	三三
一〇	一二	一四	三八	一二	九	一八	〇〇	二七	三八	二七	〇四
一〇	一三	一四	四二	一〇	九	一九	〇四	二五	三八	〇四	三九
一〇	一四	一四	四六	〇八	九	二〇	〇九	一三	三七	四二	一九
一〇	一五	一四	五〇	〇六	九	二一	一四	五四	三七	二〇	〇四
一〇	一六	一四	五四	〇六	九	二二	二一	三〇	三六	五七	五五
一〇	一七	一四	五八	〇六	九	二三	二九	〇三	三六	三五	五三
一〇	一八	一五	〇二	〇七	九	二四	三七	三二	三六	一三	五八
一〇	一九	一五	〇六	〇九	九	二五	四七	〇二	三五	五二	一一
一〇	二〇	一五	一〇	一一	九	二六	五七	三三	三五	三〇	三三
一〇	二一	一五	一四	一四	九	二八	〇九	〇五	三五	〇九	〇四
一〇	二二	一五	一八	一八	九	二九	二一	四一	三四	四七	四八
一〇	二三	一五	二二	二二	一〇	〇〇	三五	二五	三四	二六	四一
一〇	二四	一五	二六	二八	一〇	〇一	五〇	一五	三四	〇五	四六
一〇	二五	一五	三〇	三四	一〇	〇三	〇六	一三	三三	四五	〇七
一〇	二六	一五	三四	四〇	一〇	〇四	二三	二一	三三	二四	四〇
一〇	二七	一五	三八	四八	一〇	〇五	四一	四二	三三	〇四	二九
一〇	二八	一五	四二	五六	一〇	〇七	〇一	一五	三二	四四	三五
一〇	二九	一五	四七	〇五	一〇	〇八	二二	〇一	三二	二四	五八
一〇	三〇	一五	五一	一四	一〇	〇九	四四	〇三	三二	〇五	三九

黃道經度		春分距午			黃平象限				限距地高		
宮	度	時	分	秒	宮	度	分	秒	度	分	秒
一一	○○	一五	五一	一四	一○	○九	四四	○三	三二	○五	三九
一一	○一	一五	五五	二五	一○	一一	○七	二二	三一	四六	四○
一一	○二	一五	五九	三六	一○	一二	三一	五八	三一	二八	○四
一一	○三	一六	○三	四七	一○	一三	五七	五一	三一	○九	四八
一一	○四	一六	○七	五九	一○	一五	二五	○四	三○	五一	五六
一一	○五	一六	一二	一二	一○	一六	五三	三七	三○	三四	三○
一一	○六	一六	一六	二六	一○	一八	二三	二九	三○	一七	二九
一一	○七	一六	二○	四○	一○	一九	五四	四一	三○	○○	五六
一一	○八	一六	二四	五四	一○	二一	二七	一三	二九	四四	五一
一一	○九	一六	二九	○九	一○	二三	○一	○七	二九	二九	一七
一一	一○	一六	三三	二五	一○	二四	三六	一七	二九	一四	一五
一一	一一	一六	三七	四一	一○	二六	一二	四七	二八	五九	四五
一一	一二	一六	四一	五八	一○	二七	五○	三五	二八	四五	四九
一一	一三	一六	四六	一六	一○	二九	二九	三九	二八	三二	三○
一一	一四	一六	五○	三三	一一	○一	○九	五七	二八	一九	四七
一一	一五	一六	五四	五一	一一	○二	五一	二七	二八	○七	四三
一一	一六	一六	五九	一○	一一	○四	三四	○七	二七	五六	一九
一一	一七	一七	○三	二九	一一	○六	一七	五六	二七	四五	三五
一一	一八	一七	○七	四八	一一	○八	○二	四八	二七	三五	三三
一一	一九	一七	一二	○八	一一	○九	四八	四四	二七	二六	一六
一一	二○	一七	一六	二八	一一	一一	三五	三五	二七	一七	四二
一一	二一	一七	二○	四九	一一	一三	二三	二一	二七	○九	五三
一一	二二	一七	二五	○九	一一	一五	一一	五五	二七	○二	五一
一一	二三	一七	二九	三○	一一	一七	○一	一五	二六	五六	三八
一一	二四	一七	三三	五一	一一	一八	五一	一三	二六	五一	一二
一一	二五	一七	三八	一二	一一	二○	四一	四七	二六	四六	三四
一一	二六	一七	四二	三四	一一	二二	三二	五一	二六	四二	四六
一一	二七	一七	四六	五五	一一	二四	二四	一七	二六	三九	四九
一一	二八	一七	五一	一七	一一	二六	一六	○二	二六	三七	四一
一一	二九	一七	五五	三八	一一	二八	○七	五八	二六	三六	二六
一一	三○	一八	○○	○○	○○	○○	○○	○○	二六	三六	○○

限距地高 度	分	秒	黃平象限 宮	度	分	秒	春分距午 時	分	秒	黃道經度 宮	度
二六	三六	〇〇	〇	〇〇	〇〇	〇〇	一八	〇〇	〇〇	〇	〇〇
二六	三六	二六	〇	〇一	五二	〇二	一八	〇四	二二	〇	〇一
二六	三七	四二	〇	〇三	四三	五八	一八	〇八	四三	〇	〇二
二六	三九	四九	〇	〇五	三五	四三	一八	一三	〇五	〇	〇三
二六	四二	四六	〇	〇七	二七	〇九	一八	一七	二六	〇	〇四
二六	四六	三四	〇	〇九	一八	一三	一八	二一	四八	〇	〇五
二六	五一	一二	〇	一一	〇八	四七	一八	二六	〇九	〇	〇六
二六	五六	三八	〇	一二	五八	四五	一八	三〇	三〇	〇	〇七
二七	〇二	五一	〇	一四	四八	〇五	一八	三四	五一	〇	〇八
二七	〇九	五三	〇	一六	三六	三九	一八	三九	一一	〇	〇九
二七	一七	四二	〇	一八	二四	二五	一八	四三	三二	〇	一〇
二七	二六	一六	〇	二〇	一一	一六	一八	四七	五二	〇	一一
二七	三五	三三	〇	二一	五七	一二	一八	五二	一二	〇	一二
二七	四五	三五	〇	二三	四二	〇四	一八	五六	三一	〇	一三
二七	五六	一九	〇	二五	二五	五三	一九	〇〇	五〇	〇	一四
二八	〇七	四三	〇	二七	〇八	三三	一九	〇五	〇九	〇	一五
二八	一九	四七	〇	二八	五〇	〇三	一九	〇九	二七	〇	一六
二八	三二	三〇	一	〇〇	三〇	二一	一九	一三	四四	〇	一七
二八	四五	四九	一	〇二	〇九	二五	一九	一八	〇二	〇	一八
二八	五九	四五	一	〇三	四七	一三	一九	二二	一九	〇	一九
二九	一四	一五	一	〇五	二三	四三	一九	二六	三五	〇	二〇
二九	二九	一七	一	〇六	五八	五三	一九	三〇	五一	〇	二一
二九	四四	五一	一	〇八	三二	四七	一九	三五	〇六	〇	二二
三〇	〇〇	五六	一	一〇	〇五	一九	一九	三九	二〇	〇	二三
三〇	一七	二九	一	一一	三六	三一	一九	四三	三四	〇	二四
三〇	三四	三〇	一	一三	〇六	二三	一九	四七	四八	〇	二五
三〇	五一	五六	一	一四	三四	五六	一九	五二	〇一	〇	二六
三一	〇九	四八	一	一六	〇二	〇九	一九	五六	一三	〇	二七
三一	二八	〇四	一	一七	二八	〇二	二〇	〇〇	二四	〇	二八
三一	四六	四〇	一	一八	五二	三八	二〇	〇四	三五	〇	二九
三二	〇五	三九	一	二〇	一五	五七	二〇	〇八	四六	〇	三〇

黃道經度 宮	黃道經度 度	春分距午 時	春分距午 分	春分距午 秒	黃平象限 宮	黃平象限 度	黃平象限 分	黃平象限 秒	限距地高 度	限距地高 分	限距地高 秒
一	〇〇	二〇	〇八	四六	一	二〇	一五	五七	三二	〇五	三九
一	〇一	二〇	一二	五五	一	二一	三七	五九	三二	二四	五八
一	〇二	二〇	一七	〇四	一	二二	五八	四五	三二	四四	三五
一	〇三	二〇	二一	一二	一	二四	一八	一八	三三	〇四	二九
一	〇四	二〇	二五	二〇	一	二五	三六	三九	三三	二四	四〇
一	〇五	二〇	二九	二六	一	二六	五三	四七	三三	四五	〇七
一	〇六	二〇	三三	三二	一	二八	〇九	四五	三四	〇五	四六
一	〇七	二〇	三七	三八	一	二九	二四	三五	三四	二六	四一
一	〇八	二〇	四一	四二	二	〇〇	三八	一八	三四	四七	四八
一	〇九	二〇	四五	四六	二	〇一	五〇	五五	三五	〇九	〇四
一	一〇	二〇	四九	四九	二	〇三	〇二	二七	三五	三〇	三三
一	一一	二〇	五三	五一	二	〇四	一二	五八	三五	五二	一一
一	一二	二〇	五七	五三	二	〇五	二二	二八	三六	一三	五八
一	一三	二一	〇一	五四	二	〇六	三〇	五七	三六	三五	五三
一	一四	二一	〇五	五四	二	〇七	三八	三〇	三六	五七	五五
一	一五	二一	〇九	五四	二	〇八	四五	〇六	三七	二〇	〇四
一	一六	二一	一二	五二	二	〇九	五〇	四七	三七	四二	一九
一	一七	二一	一七	五〇	二	一〇	五五	三五	三八	〇四	三九
一	一八	二一	二一	四八	二	一一	五九	三三	三八	二七	〇四
一	一九	二一	二五	四四	二	一三	〇二	四〇	三八	四九	三三
一	二〇	二一	二九	四〇	二	一四	〇四	五八	三九	一二	〇六
一	二一	二一	三三	三六	二	一五	〇六	二九	三九	三四	四一
一	二二	二一	三七	三〇	二	一六	〇七	一五	三九	五七	一九
一	二三	二一	四一	二四	二	一七	〇七	一六	四〇	一九	五九
一	二四	二一	四五	一七	二	一八	〇六	三五	四〇	四二	四〇
一	二五	二一	四九	一〇	二	一九	〇五	〇一	四一	〇五	二三
一	二六	二一	五三	〇二	二	二〇	〇三	〇八	四一	二八	〇六
一	二七	二一	五六	五三	二	二一	〇〇	二七	四一	五〇	五〇
一	二八	二二	〇〇	四四	二	二一	五七	〇六	四二	一三	三四
一	二九	二二	〇四	三四	二	二二	五三	一一	四二	三六	一八
一	三〇	二二	〇八	二三	二	二三	四八	四〇	四二	五九	〇一

黃道經度		春分距午			黃平象限				限距地高		
宮	度	時	分	秒	宮	度	分	秒	度	分	秒
二	○○	二二	○八	二三	二	二三	四八	四○	四二	五九	○一
二	○一	二二	一二	一二	二	二四	四三	三五	四三	二一	四二
二	○二	二二	一六	○一	二	二五	三七	五九	四三	四四	二二
二	○三	二二	一九	四九	二	二六	三一	四九	四四	○七	○一
二	○四	二二	二三	三六	二	二七	二五	一○	四四	二九	三七
二	○五	二二	二七	二三	二	二八	一八	○九	四四	五二	一二
二	○六	二二	三一	○九	二	二九	一○	二四	四五	一四	四五
二	○七	二二	三四	五五	三	○○	○二	二○	四五	三七	一四
二	○八	二二	三八	四○	三	○○	五三	五一	四五	五九	四一
二	○九	二二	四二	二五	三	○一	四四	五五	四六	二二	○六
二	一○	二二	四六	一○	三	○二	三五	三四	四六	四四	二六
二	一一	二二	四九	五四	三	○三	二五	五三	四七	○六	四四
二	一二	二二	五三	三七	三	○四	一五	四七	四七	二八	五七
二	一三	二二	五七	二一	三	○五	○五	二一	四七	五一	○八
二	一四	二三	○一	○四	三	○五	五四	三三	四八	一三	一五
二	一五	二三	○四	四六	三	○六	四三	二六	四八	三五	一七
二	一六	二三	○八	二九	三	○七	三二	○○	四八	五七	一六
二	一七	二三	一二	一一	三	○八	二○	一七	四九	一九	一一
二	一八	二三	一五	五二	三	○九	○八	一六	四九	四一	○一
二	一九	二三	一九	三四	三	○九	五五	五九	五○	○二	四七
二	二○	二三	二三	一五	三	一○	四三	二六	五○	二四	二八
二	二一	二三	二六	五六	三	一一	三○	三八	五○	四六	○五
二	二二	二三	三○	三七	三	一二	一七	三六	五一	○七	三六
二	二三	二三	三四	一八	三	一三	○四	二○	五一	二九	○三
二	二四	二三	三七	五九	三	一三	五○	五三	五一	五○	二六
二	二五	二三	四一	三九	三	一四	三七	一二	五二	一一	四三
二	二六	二三	四五	一九	三	一五	二三	二○	五二	三二	五五
二	二七	二三	四九	○○	三	一六	○九	一九	五二	五四	○二
二	二八	二三	五二	四○	三	一六	五五	○七	五三	一五	○三
二	二九	二三	五六	二○	三	一七	四○	四五	五三	三六	○一
二	三○	○○	○○	○○	三	一八	二六	一四	五三	五六	五一

距限差表

距限差表，按限距地高度逐段列之，前列太陰實緯度分，中列黃道南北，自初度十分至五度十七分之距限差，緯南爲減，緯北爲加。

用表之法，以限距地高之度與太陰實緯度，察其縱橫相遇之數，卽所求之距限差也。設限距地高二十八度，太陰距黃道南四度二十分，求距限差，則察限距地高二十八度格內橫對太陰實緯四度二十分之距限差爲八度十二分，卽所求之距限差。其緯在黃道南，是爲減差也。限距地高以逐度爲率，若限距地高有三十分以上者，進作一度，不及三十分者去之。太陰實緯以十分爲率，若太陰實緯有零分者，五分以上進作十分，不足五分者去之。俱不用中比例，因逐度分之數所差甚微故也。

太陰實緯		限距地高									
		二十七度		二十八度		二十九度		三十度		三十一度	
度	分	度	分	度	分	度	分	度	分	度	分
〇	一〇		二〇		一九		一八		一七		一七
〇	二〇		三九		三八		三六		三五		三三
〇	三〇		五九		五六		五四		五二		五〇
〇	四〇	一	一九	一	一五	一	一二	一	〇九	一	〇七
〇	五〇	一	三八	一	三四	一	三〇	一	二七	一	二三
一	〇〇	一	五八	一	五三	一	四八	一	四四	一	四〇
一	一〇	二	一七	二	一二	二	〇六	二	〇一	一	五七
一	二〇	二	三七	二	三一	二	二四	二	一九	二	一三
一	三〇	二	五七	二	四九	二	四二	二	三六	二	三〇
一	四〇	三	一六	三	〇八	三	〇一	二	五三	二	四七
一	五〇	三	三六	三	二七	三	一九	三	一一	三	〇三
二	〇〇	三	五六	三	四六	三	三七	三	二八	三	二〇
二	一〇	四	一五	四	〇五	三	五五	三	四五	三	三七
二	二〇	四	三五	四	二四	四	一三	四	〇三	三	五三
二	三〇	四	五五	四	四三	四	三一	四	二〇	四	一〇
二	四〇	五	一五	五	〇二	四	四九	四	三八	四	二七
二	五〇	五	三四	五	二〇	五	〇七	四	五五	四	四三
三	〇〇	五	五四	五	三九	五	二六	五	一二	五	〇〇
三	一〇	六	一四	五	五八	五	四四	五	三〇	五	一七
三	二〇	六	三四	六	一七	六	〇二	五	四七	五	三四
三	三〇	六	五四	六	三六	六	二〇	六	〇五	五	五一
三	四〇	七	一四	六	五五	六	三八	六	二二	六	〇七
三	五〇	七	三三	七	一四	六	五七	六	四〇	六	二四
四	〇〇	七	五三	七	三三	七	一五	六	五七	六	四一
四	一〇	八	一三	七	五二	七	三三	七	一五	六	五八
四	二〇	八	三三	八	一二	七	五一	七	三二	七	一五
四	三〇	八	五三	八	三一	八	一〇	七	五〇	七	三二
四	四〇	九	一三	八	五〇	八	二八	八	〇八	七	四八
四	五〇	九	三三	九	〇九	八	四六	八	二五	八	〇五
五	〇〇	九	五三	九	二八	九	〇五	八	四三	八	二二
五	一〇	一〇	一三	九	四七	九	二三	九	〇一	八	三九
五	一七	一〇	二七	一〇	〇一	九	三六	九	一三	八	五一

太陰實緯		限距地高									
		三十二度		三十三度		三十四度		三十五度		三十六度	
度	分	度	分	度	分	度	分	度	分	度	分
○	一○		一六		一五		一五		一四		一四
○	二○		三二		三一		三○		二九		二八
○	三○		四八		四六		四四		四三		四一
○	四○	一	○四	一	○二		五九		五七		五五
○	五○	一	二○	一	一七	一	一四	一	一一	一	○九
一	○○	一	三六	一	三二	一	二九	一	二六	一	二三
一	一○	一	五二	一	四八	一	四四	一	四○	一	三六
一	二○	二	○八	二	○三	一	五九	一	五四	一	五○
一	三○	二	二四	二	一九	二	一三	二	○九	二	○四
一	四○	二	四○	二	三四	二	二八	二	二三	二	一八
一	五○	二	五六	二	五○	二	四三	二	三七	二	三二
二	○○	三	一二	三	○五	二	五八	二	五二	二	四五
二	一○	三	二八	三	二○	三	一三	三	○六	二	五九
二	二○	三	四四	三	三六	三	二八	三	二○	三	一三
二	三○	四	○○	三	五一	三	四三	三	三四	三	二七
二	四○	四	一六	四	○七	三	五八	三	四九	三	四一
二	五○	四	三三	四	二二	四	一二	四	○三	三	五四
三	○○	四	四九	四	三八	四	二八	四	一八	四	○八
三	一○	五	○五	四	五三	四	四二	四	三二	四	二二
三	二○	五	二一	五	○九	四	五七	四	四六	四	三六
三	三○	五	三七	五	二四	五	一二	五	○一	四	五○
三	四○	五	五三	五	四○	五	二七	五	一五	五	○四
三	五○	六	○九	五	五五	五	四二	五	二九	五	一七
四	○○	六	二六	六	一一	五	五七	五	四四	五	三一
四	一○	六	四二	六	二六	六	一二	五	五八	五	四五
四	二○	六	五八	六	四二	六	二七	六	一三	五	五九
四	三○	七	一四	六	五八	六	四二	六	二七	六	一三
四	四○	七	三○	七	一三	六	五七	六	四二	六	二七
四	五○	七	四七	七	二九	七	一二	六	五六	六	四一
五	○○	八	○三	七	四五	七	二七	七	一一	六	五五
五	一○	八	一九	八	○○	七	四二	七	二五	七	○九
五	一七	八	三一	八	一一	七	五三	七	三五	七	一九

太陰實緯		限距地高									
		三十七度		三十八度		三十九度		四十度		四十一度	
度	分	度	分	度	分	度	分	度	分	度	分
〇	一〇		一三		一三		一二		一二		一二
〇	二〇		二七		二六		二五		二四		二三
〇	三〇		四〇		三八		三七		三六		三五
〇	四〇		五三		五一		四九		四八		四六
〇	五〇	一	〇六	一	〇四	一	〇二	一	〇〇		五八
一	〇〇	一	二〇	一	一七	一	一四	一	一二	一	〇九
一	一〇	一	三三	一	三〇	一	二六	一	二三	一	二一
一	二〇	一	四六	一	四二	一	三九	一	三五	一	三二
一	三〇	一	五九	一	五五	一	五一	一	四七	一	四四
一	四〇	二	一三	二	〇八	二	〇四	一	五九	一	五五
一	五〇	二	二六	二	二一	二	一六	二	一一	二	〇七
二	〇〇	二	三九	二	三四	二	二八	二	二三	二	一八
二	一〇	二	五三	二	四七	二	四一	二	三五	二	三〇
二	二〇	三	〇六	二	五九	二	五三	二	四七	二	四一
二	三〇	三	一九	三	一二	三	〇五	二	五九	二	五三
二	四〇	三	三三	三	二五	三	一八	三	一一	三	〇四
二	五〇	三	四六	三	三八	三	三〇	三	二三	三	一六
三	〇〇	三	五九	三	五一	三	四三	三	三五	三	二七
三	一〇	四	一三	四	〇四	三	五五	三	四七	三	三九
三	二〇	四	二六	四	一七	四	〇七	三	五九	三	五一
三	三〇	四	三九	四	二九	四	二〇	四	一一	四	〇二
三	四〇	四	五三	四	四二	四	三二	四	二三	四	一四
三	五〇	五	〇六	四	五五	四	四五	四	三五	四	二五
四	〇〇	五	一九	五	〇八	四	五七	四	四七	四	三七
四	一〇	五	三三	五	二一	五	一〇	四	五九	四	四八
四	二〇	五	四六	五	三四	五	二二	五	一一	五	〇〇
四	三〇	六	〇〇	五	四七	五	三五	五	二三	五	一二
四	四〇	六	一三	六	〇〇	五	四七	五	三五	五	二三
四	五〇	六	二七	六	一三	六	〇〇	五	四七	五	三五
五	〇〇	六	四〇	六	二六	六	一二	五	五九	五	四七
五	一〇	六	五三	六	三九	六	二五	六	一一	五	五八
五	一七	七	〇三	六	四八	六	三三	六	二〇	六	〇六

太陰實緯		限距地高 四十二度		限距地高 四十三度		限距地高 四十四度		限距地高 四十五度		限距地高 四十六度	
度	分	度	分	度	分	度	分	度	分	度	分
〇	一〇		一一		一一		一〇		一〇		一〇
〇	二〇		二二		二一		二一		二〇		一九
〇	三〇		三三		三二		三一		三〇		二九
〇	四〇		四四		四三		四一		四〇		三九
〇	五〇		五六		五四		五二		五〇		四八
一	〇〇	一	〇七	一	〇四	一	〇二	一	〇〇		五八
一	一〇	一	一八	一	一五	一	一三	一	一〇	一	〇八
一	二〇	一	二九	一	二六	一	二三	一	二〇	一	一七
一	三〇	一	四〇	一	三七	一	三三	一	三〇	一	二七
一	四〇	一	五一	一	四七	一	四四	一	四〇	一	三七
一	五〇	二	〇二	一	五八	一	五四	一	五〇	一	四六
二	〇〇	二	一三	二	〇九	二	〇四	二	〇〇	一	五六
二	一〇	二	二四	二	二〇	二	一五	二	一〇	二	〇六
二	二〇	二	三六	二	三〇	二	二五	二	二〇	二	一五
二	三〇	二	四七	二	四一	二	三五	二	三〇	二	二五
二	四〇	二	五八	二	五二	二	四六	二	四〇	二	三五
二	五〇	三	〇九	三	〇三	二	五六	二	五〇	二	四四
三	〇〇	三	二〇	三	一三	三	〇七	三	〇〇	二	五四
三	一〇	三	三一	三	二四	三	一七	三	一〇	三	〇四
三	二〇	三	四三	三	三五	三	二七	三	二〇	三	一三
三	三〇	三	五四	三	四六	三	三八	三	三〇	三	二三
三	四〇	四	〇五	三	五六	三	四八	三	四〇	三	三三
三	五〇	四	一六	四	〇七	三	五九	三	五一	三	四三
四	〇〇	四	二七	四	一八	四	〇九	四	〇一	三	五二
四	一〇	四	三八	四	二九	四	二〇	四	一一	四	〇二
四	二〇	四	五〇	四	四〇	四	三〇	四	二一	四	一二
四	三〇	五	〇一	四	五〇	四	四〇	四	三一	四	二二
四	四〇	五	一二	五	〇一	四	五一	四	四一	四	三一
四	五〇	五	二三	五	一二	五	〇一	四	五一	四	四一
五	〇〇	五	三五	五	二三	五	一二	五	〇一	四	五一
五	一〇	五	四六	五	三四	五	二二	五	一一	五	〇一
五	一七	五	五四	五	四一	五	三〇	五	一八	五	〇七

太陰實緯		限距地高 四十七度		四十八度		四十九度		五十度		五十一度	
度	分	度	分	度	分	度	分	度	分	度	分
○	一○		九		九		九		八		八
○	二○		一九		一八		一七		一七		一六
○	三○		二八		二七		二六		二五		二四
○	四○		三七		三六		三五		三四		三二
○	五○		四七		四五		四三		四二		四○
一	○○		五六		五四		五二		五○		四九
一	一○	一	○五	一	○三	一	○一		五九		五七
一	二○	一	一五	一	一二	一	一○	一	○七	一	○五
一	三○	一	二四	一	二一	一	一八	一	一六	一	一三
一	四○	一	三三	一	三○	一	二七	一	二四	一	二一
一	五○	一	四三	一	三九	一	三六	一	三二	一	二九
二	○○	一	五二	一	四八	一	四四	一	四一	一	三七
二	一○	二	○一	一	五七	一	五三	一	四九	一	四五
二	二○	二	一一	二	○六	二	○二	一	五八	一	五三
二	三○	二	二○	二	一五	二	一一	二	○六	二	○二
二	四○	二	二九	二	二四	二	一九	二	一四	二	一○
二	五○	二	三九	二	三三	二	二八	二	二三	二	一八
三	○○	二	四八	二	四二	二	三七	二	三一	二	二六
三	一○	二	五七	二	五一	二	四五	二	四○	二	三四
三	二○	三	○七	三	○○	二	五四	二	四八	二	四二
三	三○	三	一六	三	○九	三	○三	二	五七	二	五○
三	四○	三	二六	三	一八	三	一二	三	○五	二	五八
三	五○	三	三五	三	二八	三	二○	三	一三	三	○七
四	○○	三	四四	三	三七	三	二九	三	二二	三	一五
四	一○	三	五四	三	四六	三	三八	三	三○	三	二三
四	二○	四	○三	三	五五	三	四七	三	三九	三	三一
四	三○	四	一三	四	○四	三	五五	三	四七	三	三九
四	四○	四	二二	四	一三	四	○四	三	五六	三	四七
四	五○	四	三一	四	二二	四	一三	四	○四	三	五六
五	○○	四	四一	四	三一	四	二二	四	一三	四	○四
五	一○	四	五○	四	四○	四	三○	四	二一	四	一二
五	一七	四	五七	四	四七	四	三七	四	二七	四	一八

太陰實緯		限距地高									
		五十二度		五十三度		五十四度		五十五度		五十六度	
度	分	度	分	度	分	度	分	度	分	度	分
〇	一〇		八		八		七		七		七
〇	二〇		一六		一五		一五		一四		一三
〇	三〇		二三		二三		二二		二一		二〇
〇	四〇		三一		三〇		二九		二八		二七
〇	五〇		三九		三八		三六		三五		三四
一	〇〇		四七		四五		四四		四二		四〇
一	一〇		五五		五三		五一		四九		四七
一	二〇	一	〇三	一	〇〇		五八		五六		五四
一	三〇	一	一〇	一	〇八	一	〇五	一	〇三	一	〇一
一	四〇	一	一八	一	一五	一	一三	一	一〇	一	〇七
一	五〇	一	二六	一	二三	一	二〇	一	一七	一	一四
二	〇〇	一	三四	一	三〇	一	二七	一	二四	一	二一
二	一〇	一	四二	一	三八	一	三五	一	三一	一	二八
二	二〇	一	四九	一	四六	一	四二	一	三八	一	三四
二	三〇	一	五七	一	五三	一	四九	一	四五	一	四一
二	四〇	二	〇五	二	〇一	一	五六	一	五二	一	四八
二	五〇	二	一三	二	〇八	二	〇四	一	五九	一	五五
三	〇〇	二	二一	二	一六	二	一一	二	〇六	二	〇二
三	一〇	二	二九	二	二三	二	一八	二	一三	二	〇八
三	二〇	二	三六	二	三一	二	二六	二	二〇	二	一五
三	三〇	二	四四	二	三八	二	三三	二	二七	二	二二
三	四〇	二	五二	二	四六	二	四〇	二	三四	二	二九
三	五〇	三	〇〇	二	五四	二	四七	二	四一	二	三五
四	〇〇	三	〇八	三	〇一	二	五五	二	四八	二	四二
四	一〇	三	一六	三	〇九	三	〇二	二	五五	二	四九
四	二〇	三	二四	三	一六	三	〇九	三	〇二	二	五六
四	三〇	三	三二	三	二四	三	一七	三	一〇	三	〇三
四	四〇	三	三九	三	三二	三	二四	三	一七	三	〇九
四	五〇	三	四七	三	三九	三	三一	三	二四	三	一六
五	〇〇	三	五五	三	四七	三	三九	三	三一	三	二三
五	一〇	四	〇三	三	五四	三	四六	三	三八	三	三〇
五	一七	四	〇九	四	〇〇	三	五一	三	四三	三	三五

太陰實緯		限距地高									
		五十七度		五十八度		五十九度		六十度		六十一度	
度	分	度	分	度	分	度	分	度	分	度	分
〇	一〇		六		六		六		六		六
〇	二〇		一三		一二		一二		一二		一一
〇	三〇		一九		一九		一八		一七		一七
〇	四〇		二六		二五		二四		二三		二二
〇	五〇		三二		三一		三〇		二九		二八
一	〇〇		三九		三七		三六		三五		三三
一	一〇		四五		四四		四二		四〇		三九
一	二〇		五二		五〇		四八		四六		四四
一	三〇		五八		五六		五四		五二		五〇
一	四〇	一	〇五	一	〇三	一	〇〇		五八		五五
一	五〇	一	一一	一	〇九	一	〇六	一	〇四	一	〇一
二	〇〇	一	一八	一	一五	一	一二	一	〇九	一	〇七
二	一〇	一	二四	一	二一	一	一八	一	一五	一	一二
二	二〇	一	三一	一	二八	一	二四	一	二一	一	一八
二	三〇	一	三七	一	三四	一	三〇	一	二七	一	二三
二	四〇	一	四四	一	四〇	一	三六	一	三二	一	二九
二	五〇	一	五一	一	四六	一	四二	一	三八	一	三四
三	〇〇	一	五七	一	五三	一	四八	一	四四	一	四〇
三	一〇	二	〇四	一	五九	一	五四	一	五〇	一	四五
三	二〇	二	一〇	二	〇五	二	〇〇	一	五六	一	五一
三	三〇	二	一七	二	一一	二	〇六	二	〇一	一	五七
三	四〇	二	二三	二	一八	二	一二	二	〇七	二	〇二
三	五〇	二	三〇	二	二四	二	一八	二	一三	二	〇八
四	〇〇	二	三六	二	三〇	二	二四	二	一九	二	一三
四	一〇	二	四三	二	三七	二	三一	二	二五	二	一九
四	二〇	二	四九	二	四三	二	三七	二	三〇	二	二四
四	三〇	二	五六	二	四九	二	四三	二	三六	二	三〇
四	四〇	三	〇二	二	五五	二	四九	二	四二	二	三六
四	五〇	三	〇九	三	〇二	二	五五	二	四八	二	四一
五	〇〇	三	一五	三	〇八	三	〇一	二	五四	二	四七
五	一〇	三	二二	三	一四	三	〇七	三	〇〇	二	五二
五	一七	三	二七	三	一九	三	一一	三	〇四	二	五六

太陰實緯		限距地高 六十二度		六十三度		六十四度		六十五度		六十六度	
度	分	度	分	度	分	度	分	度	分	度	分
〇	一〇		五		五		五		五		四
〇	二〇		一一		一〇		一〇		九		九
〇	三〇		一六		一五		一五		一四		一三
〇	四〇		二一		二〇		二〇		一九		一八
〇	五〇		二七		二五		二四		二三		二二
一	〇〇		三二		三一		二九		二八		二七
一	一〇		三七		三六		三四		三三		三一
一	二〇		四三		四一		三九		三七		三六
一	三〇		四八		四六		四四		四二		四〇
一	四〇		五三		五一		四九		四七		四五
一	五〇		五九		五六		五四		五一		四九
二	〇〇	一	〇四	一	〇一		五九		五六		五三
二	一〇	一	〇九	一	〇六	一	〇三	一	〇一		五八
二	二〇	一	一四	一	一一	一	〇八	一	〇五	一	〇二
二	三〇	一	二〇	一	一六	一	一三	一	一〇	一	〇七
二	四〇	一	二五	一	二二	一	一八	一	一五	一	一一
二	五〇	一	三〇	一	二七	一	二三	一	一九	一	一六
三	〇〇	一	三六	一	三二	一	二八	一	二四	一	二〇
三	一〇	一	四一	一	三七	一	三三	一	二九	一	二五
三	二〇	一	四六	一	四二	一	三八	一	三三	一	二九
三	三〇	一	五二	一	四七	一	四三	一	三八	一	三四
三	四〇	一	五七	一	五二	一	四七	一	四三	一	三八
三	五〇	二	〇三	一	五七	一	五二	一	四七	一	四三
四	〇〇	二	〇八	二	〇三	一	五七	一	五二	一	四七
四	一〇	二	一三	二	〇八	二	〇二	一	五七	一	五二
四	二〇	二	一九	二	一三	二	〇七	二	〇一	一	五六
四	三〇	二	二四	二	一八	二	一二	二	〇六	二	〇〇
四	四〇	二	二九	二	二三	二	一七	二	一一	二	〇五
四	五〇	二	三五	二	二八	二	二二	二	一六	二	〇九
五	〇〇	二	四〇	二	三三	二	二七	二	二〇	二	一四
五	一〇	二	四五	二	三八	二	三二	二	二五	二	一八
五	一七	二	四九	二	四二	二	三五	二	二八	二	二二

太陰實緯		限距地高 六十七度		六十八度		六十九度		七十度		七十一度	
度	分	度	分	度	分	度	分	度	分	度	分
〇	一〇		四		四		四		四		三
〇	二〇		八		八		八		七		七
〇	三〇		一三		一二		一二		一一		一〇
〇	四〇		一七		一六		一五		一五		一四
〇	五〇		二一		二〇		一九		一八		一七
一	〇〇		二五		二四		二三		二二		二一
一	一〇		三〇		二八		二七		二五		二四
一	二〇		三四		三二		三一		二九		二八
一	三〇		三八		三六		三五		三三		三一
一	四〇		四二		四〇		三八		三六		三四
一	五〇		四七		四四		四二		四〇		三八
二	〇〇		五一		四九		四六		四四		四一
二	一〇		五五		五三		五〇		四七		四五
二	二〇		五九		五七		五四		五一		四八
二	三〇	一	〇四	一	〇一		五八		五五		五二
二	四〇	一	〇八	一	〇五	一	〇一		五八		五五
二	五〇	一	一二	一	〇九	一	〇五	一	〇二		五九
三	〇〇	一	一六	一	一三	一	〇九	一	〇六	一	〇二
三	一〇	一	二一	一	一七	一	一三	一	〇九	一	〇五
三	二〇	一	二五	一	二一	一	一七	一	一三	一	〇九
三	三〇	一	二九	一	二五	一	二一	一	一七	一	一二
三	四〇	一	三四	一	二九	一	二五	一	二〇	一	一六
三	五〇	一	三八	一	三三	一	二八	一	二四	一	一九
四	〇〇	一	四二	一	三七	一	三二	一	二八	一	二三
四	一〇	一	四六	一	四一	一	三六	一	三一	一	二六
四	二〇	一	五一	一	四五	一	四〇	一	三五	一	三〇
四	三〇	一	五五	一	四九	一	四四	一	三八	一	三三
四	四〇	一	五九	一	五三	一	四八	一	四二	一	三七
四	五〇	二	〇三	一	五七	一	五二	一	四六	一	四〇
五	〇〇	二	〇八	二	〇二	一	五五	一	四九	一	四四
五	一〇	二	一二	二	〇六	一	五九	一	五三	一	四七
五	一七	二	一五	二	〇八	二	〇二	一	五六	一	四九

太陰實緯 度	太陰實緯 分	限距地高 七十二度 度	七十二度 分	七十三度 度	七十三度 分	七十四度 度	七十四度 分
○	一○		三		三		三
○	二○		六		六		六
○	三○		一○		九		九
○	四○		一三		一二		一一
○	五○		一六		一五		一四
一	○○		一九		一八		一七
一	一○		二三		二一		二○
一	二○		二六		二四		二三
一	三○		二九		二八		二六
一	四○		三三		三一		二九
一	五○		三六		三四		三二
二	○○		三九		三七		三四
二	一○		四二		四○		三七
二	二○		四六		四三		四○
二	三○		四九		四六		四三
二	四○		五二		四九		四六
二	五○		五五		五二		四九
三	○○		五九		五五		五二
三	一○	一	○二		五八		五五
三	二○	一	○五	一	○一		五七
三	三○	一	○八	一	○四	一	○○
三	四○	一	一二	一	○七	一	○三
三	五○	一	一五	一	一○	一	○六
四	○○	一	一八	一	一四	一	○九
四	一○	一	二一	一	一七	一	一二
四	二○	一	二五	一	二○	一	一五
四	三○	一	二八	一	二三	一	一八
四	四○	一	三一	一	二六	一	二○
四	五○	一	三四	一	二九	一	二三
五	○○	一	三八	一	三二	一	二六
五	一○	一	四一	一	三五	一	二九
五	一七	一	四三	一	三七	一	三一